このノートで学習するみなさんへ

　このノートは、教科書『わたしたちの歴史──日本から世界へ』（歴総709）を使用して歴史総合の学習を進めるみなさんのための学習ノートです。

　歴史総合は、日本の歴史と世界の歴史を関連づけながら学習する科目です。学習を進めるうえで大切なことは、学習した内容が現代の私たちの生活や考え方、さらに地球規模の環境問題や貧困や格差の問題などの様々な課題とどのように関係しているのかということを考え、よりよい未来をつくりあげようとする意識を高めることです。そのためには、単純に歴史用語を暗記するだけではなく、学習した時代と現代の社会のできごとを比べたり、おたがいのつながりや影響を考えたりすることが必要です。別の言葉であらわすなら、「いつ」「どこで」「どのようにして」、そして「なぜ」というような「問い」を自分から発する姿勢をもちながら学習することが必要だということです。

　とはいえ、これらの「問い」を最初から主体的に発することは、難しいのではないでしょうか。このノートは、教科書のそれぞれの項目で、どのように問いを立て、どのように答えを導いていくのかということがわかるように構成されています。学習を進めていくうちに、最初は難しかった自分なりの問いを立て、いろいろな疑問や課題について考えを深めることができるようになるでしょう。そして、みなさんが私たちのかかえる課題を少しでも解決して、よりよい社会をつくりあげようとする気持ちを強くすることができるようになることを願っています。

第**1**部

近代化と私たち
—— 7

わたしたちの
歴史
ノート

も　く　じ

本書の使い方

歴史総合の学習の流れ

第1部〜第3部まで、いずれも以下の①→②→③の流れを繰り返します。

① 内容の学習に入る前に、いくつかのテーマに関する資料をみて様々な「問い」を考える。
　➡ 近代化への問い／国際秩序の変化や大衆化への問い／グローバル化への問い

② より具体的なできごとや人物について学び、①で立てた「問い」の答えをみつけたり、
　新たな「問い」を考えたりする。
　➡ 本文

③ ①と②の学習の成果が現代の世界におけるどのような問題とつながっているか、それに
　対してどのような対応をしたらよいのかということを多角的な視点から考察する。
　➡ いまの私たちにつながる課題

①
● 近代化への問い
● 国際秩序の変化や
　大衆化への問い
● グローバル化へ
　の問い

対応する教科書
のページです。

教科書の図版番号
に対応しています。

（　）に当てはまる選択
肢や語句、文章を考え
てみましょう。

ノート欄

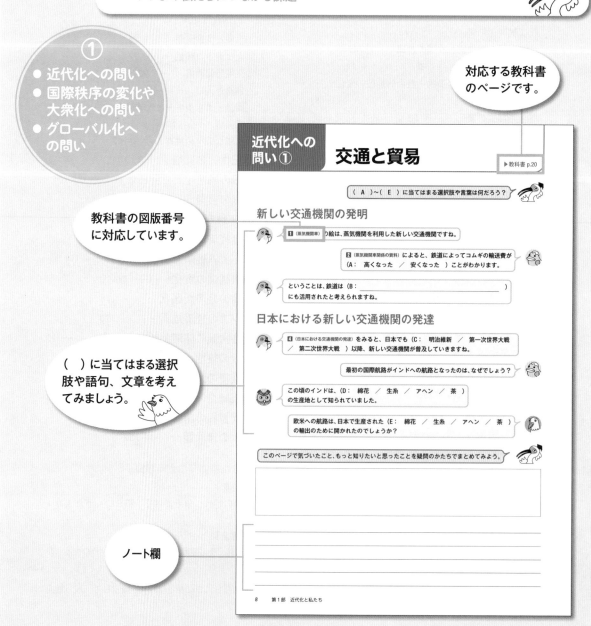

近代化への
問い①　　　**交通と貿易**

▶教科書 p.20

（　A　）〜（　E　）に当てはまる選択肢や言葉は何だろう？

新しい交通機関の発明

1 (蒸気機関車)の絵は、蒸気機関を利用した新しい交通機関ですね。

2 (蒸気機関車関係の資料) によると、鉄道によってコムギの輸送費が
（A：　高くなった　／　安くなった　）ことがわかります。

ということは、鉄道は（B：　　　　　　　　　　　　　　　　）
にも活用されたと考えられますね。

日本における新しい交通機関の発達

4 (日本における交通機関の発達)をみると、日本でも（C：　明治維新　／　第一次世界大戦
　／　第二次世界大戦　）以降、新しい交通機関が普及していきますね。

最初の国際航路がインドへの航路となったのは、なぜでしょう？

この頃のインドは、（D：　綿花　／　生糸　／　アヘン　／　茶　）
の生産地として知られていました。

欧米への航路は、日本で生産された（E：　綿花　／　生糸　／　アヘン　／　茶　）
の輸出のために開かれたのでしょうか？

このページで気づいたこと、もっと知りたいと思ったことを疑問のかたちでまとめてみよう。

8　第1部　近代化と私たち

② 本文

対応する教科書のページです。

テーマの問いを考えよう

テーマの問いについて、順を追って考えていきましょう。

---

13 帝国主義

▶教科書 p.56〜57

①〜⑰に入る語句を答えよう。

第2次産業革命と帝国主義

●欧米諸国は、19世紀中頃から（ ① ）や電力を新しい動力源とするようになり、技術の革新によって（ ② ）部門を発展させた。
●（②）が発展するには高度な技術と巨大な（ ③ ）を必要とするため、企業は（ ④ ）との関係を深めた。また、植民地は、（ ⑤ ）としても重要性が高まった。
●列強は、非ヨーロッパ世界への進出を強化し、世界を自国の植民地・勢力圏として分割していった。このような動きを（ ⑥ ）という。
●世界分割が進む過程で、20世紀初頭には、イギリス・フランス・ロシアによる（ ⑦ ）とドイツ・オーストリア・イタリアによる（ ⑧ ）が形成され、両者は対立するようになった。

アフリカと太平洋海域

●（⑥）の時代に世界分割のおもな対象となった地域は、アフリカと太平洋海域であった。
●アフリカでは、1884〜85年に開催された（ ⑨ ）以降、急速に分割が進んだ。太平洋海域では、イギリスが（ ⑩ ）やニュージーランドで先住民を迫害しつつ開拓を進めた。また、アメリカ合衆国は、1898年に（ ⑪ ）を併合した。

中国における利権争い

●日清戦争後、列強は利権獲得のために中国に進出した。ロシアは清から（ ⑫ ）の敷設権を獲得し、1898年には遼東半島南部に位置する（ ⑬ ）の両都市を租借した。またドイツは山東半島の（ ⑭ ）を租借した。
●清では、日本の明治維新にならって政治の近代化をはかろうとする（ ⑮ ）が試みられたが、反対勢力のクーデタにより失敗した。
●列強の進出は、人々の排外感情を高めた。「（ ⑯ ）」をとなえる（ ⑰ ）は、1900年に北京に入り外国公使館を包囲し、清もこれを利用して列強を排除しようとした。
●（⑰）の鎮圧後、列強は中国への干渉をいっそう強めた。

①
②
③
④
⑤
⑥
⑦
⑧
⑨
⑩
⑪
⑫
⑬
⑭
⑮
⑯
⑰

38 第1部 近代化と私たち

テーマの問いを考えよう

テーマの問い　帝国主義の時代、列強は様々な地域を植民地とした。この過程で欧米諸国の関係は、どのように変化したのだろうか？

問1 第2次産業革命によって、列強が非ヨーロッパ世界への進出を強化したのはなぜだろうか。

（① ＿＿＿＿＿）部門を発展させるための（② ＿＿＿＿＿）や商品の市場を確保することに加え、欧米諸国が1870年代に深刻な不況となったことで、植民地を重要な（③ ＿＿＿＿＿）とみなすようになったため。

問2 世界分割の過程で、列強諸国の関係はどのように再編されていったのだろうか。

世界分割が進む過程で、20世紀初頭には、イギリス・フランス・ロシアによる（① ＿＿＿＿＿）とドイツ・オーストリア・イタリアによる（② ＿＿＿＿＿）という2つの同盟関係が形成された。

問1〜2をもとにテーマの問いを考えてみよう。

地図で確認しよう

問1 アフリカの分割が急速に進む結果をもたらした国際会議で、問題とされた地域はどこだろうか。つぎから1つ選ぼう。
ア　南アフリカ　イ　マダガスカル
ウ　エチオピア　エ　コンゴ

アフリカの分割(1914年まで)

問2 アフリカ諸地域に現在の地図でもみられるような不自然に直線的な境界線が引かれているのはなぜだろうか。

13 帝国主義 39

教科書の内容を短い文章でまとめています。各テーマの基本的な用語を確認しましょう。

地図（資料・図・表・グラフ）で確認しよう

教科書に載っている地図などを読み取り、基本的な事項をおさえましょう。テーマの問いに関連して配置されている場合もあります。

本書の使い方

③
いまの私たちに
つながる課題

対応する教科書
のページです。

教科書の図版番号
に対応しています。

いまの私たちにつながる課題　　　自由・制限

どっちがお得？　自由貿易と保護貿易

▶教科書 p.60〜61

Q1 **1** （自由貿易と保護貿易の違い）から、自由貿易を選ぶ国と保護貿易を選ぶ国には、どのような違いがあるといえるだろうか？

教科書のQに対応
しています。取り
組んでみましょう。

Q2 ①1円でも安い商品を買いたい人にとって、自由貿易はどのような意味をもつだろうか？
②他国より優れた製品の開発を進めている人や国にとって、保護貿易はどのような意味をもつだろうか？

①

②

Q3 ①イギリスは、清からおもに何を輸入していたのだろうか？
②イギリスは、清へ何を輸出したかったのだろうか？
③イギリスは、清に対してどのようなことを求めたのだろうか？
④清は、なぜイギリスの要求を受け入れなかったのだろうか？
⑤交渉に失敗したあと、イギリスはどのような手段で貿易の損失をおぎなおうとしたのだろうか？

①

②

③

④

⑤

42　第1部　近代化と私たち

第3部の終わりでは、歴史総合のまとめとして、これまでの
学習を振り返り、「いまの私たちにつながる課題」を設定して、
取り組んでみましょう（138ページ）。

第**1**部

近代化と私たち

ペリーの横浜上陸　横浜開港資料館蔵

交通と貿易

▶教科書 p.20

(A)～(E)に当てはまる選択肢や言葉は何だろう？

新しい交通機関の発明

1（蒸気機関車）の絵は、蒸気機関を利用した新しい交通機関ですね。

2（蒸気機関車関係の資料）によると、鉄道によってコムギの輸送費が
（A：　高くなった　／　安くなった　）ことがわかります。

ということは、鉄道は（B：＿＿＿＿＿＿＿＿＿＿＿＿＿＿＿＿＿＿＿＿＿＿　）
にも活用されたと考えられますね。

日本における新しい交通機関の発達

4（日本における交通機関の発達）をみると、日本でも（C：　明治維新　／　第一次世界大戦
／　第二次世界大戦　）以降、新しい交通機関が普及していきますね。

最初の国際航路がインドへの航路となったのは、なぜでしょう？

この頃のインドは、（D：　綿花　／　生糸　／　アヘン　／　茶　）
の生産地として知られていました。

欧米への航路は、日本で生産された（E：　綿花　／　生糸　／　アヘン　／　茶　）
の輸出のために開かれたのでしょうか？

このページで気づいたこと、もっと知りたいと思ったことを疑問のかたちでまとめてみよう。

産業と人口

▶教科書 p.21

（ A ）〜（ C ）に当てはまる選択肢や言葉は何だろう？

紡績業の発展

中学校で産業革命を習いました。そのときに、**2**（紡績工場）のような
写真をみたことがあります。

ヨーロッパの（A： イギリス ／ フランス ／ ドイツ ／ インド ）から
始まった産業革命は、紡績業などの軽工業から始まりました。

2の前は、**1**（手紡ぎ車）のように手動で糸をつくっていました。

つまり、産業革命とは（B：＿＿＿＿＿）を使って、
製品を大量生産することなんですね。

人口の変化

産業が発達すると、社会も変化します。**3**（日本の人口の推移）のグラフから、
どのようなことが読み取れるでしょうか？

日本では明治維新のあと、（C：＿＿＿＿＿）が大きく増加しています。

そうですね。**4**（世界の人口の推移）のグラフも参考にして、
（ C ）が増加した原因は何か考えてみましょう。

このページで気づいたこと、もっと知りたいと思ったことを疑問のかたちでまとめてみよう。

近代化への問い③ 権利意識と政治参加や国民の義務

▶教科書 p.22

(A)〜(D) に当てはまる数字や言葉は何だろう?

人々に課された義務

1（徴兵告諭）は徴兵令が出される前年の1872（明治5）年に明治政府によって出された徴兵告諭です。これにより（A: _____ ）歳以上の男性が徴兵されました。

2（地券）は、明治政府の命令によって発行された地券です。これにより、地券を所有する人は所有する土地の価格に応じた額を現金でおさめました。

人々は**1**により、（B: _____ ）の義務、**2**により、（C: _____ ）の義務を負ったということですね。

人々に生まれる権利意識

人々は、**3**（明治時代の軍事行動）のような国内外における軍事行動に協力を求められました。

それとともに、政治参加への要求が（D: _____ ）権を求めるかたちで拡大していくことになります。

このページで気づいたこと、もっと知りたいと思ったことを疑問のかたちでまとめてみよう。

学校教育

▶教科書 p.23

（ A ）～（ C ）に当てはまる選択肢や言葉は何だろう？

児童労働と教育制度

1（イギリスにおける工場法の変遷）は、イギリスの工場労働者を保護する法律について、変遷をまとめたものです。

現在の日本の労働基準法では、労働時間は1日8時間以内とされていますが、当時のイギリスの子どもたちは長時間働かされていますね。

これでは子どもが学校に通うことは難しいです。**2**（イギリスにおける公教育成立への歩み）をみると、19世紀後半になってようやく（A: ＿＿＿＿＿＿＿＿＿＿＿＿ ）をめざす制度ができたことがわかります。

日本の教育制度

3（被仰出書）は、1872（明治5）年に日本での教育制度をはじめて定めた学制の理念を示したものです。

3では（B: ＿＿＿＿＿＿＿＿＿＿＿＿ ）ようにするという強い決意が感じられますね。

最初は人々に教育の必要性が理解されず、また（C: 男子 ／ 女子 ）の方が就学率が高かったようですね。
しかし、明治時代の終わりには小学校の就学率は男女とも100%近くになっています。

このページで気づいたこと、もっと知りたいと思ったことを疑問のかたちでまとめてみよう。

近代化への問い⑤

労働と家族

▶教科書 p.24

（ A ）〜（ E ）に当てはまる言葉は何だろう？

家族の関係や男女の役割の変化

産業革命以前は、職場と家庭は同じで、男性と女性の関係は、
（A：＿＿＿＿＿＿＿＿＿＿＿＿＿＿＿＿＿＿＿＿＿＿＿）といえそうですね。

産業革命以後、職場と家庭が分離し、男性と女性の関係は
（B：＿＿＿＿＿＿＿＿＿＿＿＿＿＿＿＿＿＿＿＿＿＿）
というように変化したようですね。

さらに**2**（『2つの国民』）をみると、人々の家庭そのものにも
新たな変化が生まれたといえそうです。

イギリスにおける労働者家庭と中流家庭

年代は少しずれるけれど、まずは**3**（労働者家庭の1週間の支出）と**4**（中流家庭の1年間の支出）の
（C：＿＿＿＿＿＿＿＿＿＿＿＿＿＿＿＿＿＿＿＿＿＿）に目がいきます。

労働者家庭のなかでも（D：＿＿＿＿＿＿＿＿＿＿）
ではかなりの違いがあるといえそうですね。

支出に占める割合も労働者家庭では（ D ）の割合が高いですね。

ほかにも、中流家庭の支出項目にある（E：＿＿＿＿＿＿＿＿＿＿＿＿＿）が、
労働者家庭の支出項目にはなかったり、少なかったりする点からも、両者の生活が
大きく違っていることがわかりますね。

このページで気づいたこと、もっと知りたいと思ったことを疑問のかたちでまとめてみよう。

移民

▶教科書 p.25

（ A ）〜（ F ）に当てはまる選択肢や言葉は何だろう？

移民の動機と移住先の特徴

1 （移民の行き先）では、世界各地で人々の移動がみられます。

全体としてみると（A： インド ／ 日本 ／ アメリカ合衆国 ）
への移民が多いようですね。

インドからの移民は（B：＿＿＿＿＿＿＿＿＿＿＿＿＿＿＿ ）
という特徴があるのではないでしょうか？

たしかにその通りですね。でも、なぜ住み慣れた祖国を離れて移民したのでしょうか？

たとえば、（C：＿＿＿＿＿＿＿＿＿＿＿＿＿＿＿＿＿ ）
ということなどが考えられます。

日本から海外へ移民した人々

2 （日本から海外へ移民した人の数）をみると、日本から移民した人々には、
（D：＿＿＿＿＿＿＿＿＿＿＿＿＿＿＿＿＿＿＿ ）
という特徴が読み取れますね。

でも、この地域が（E：＿＿＿＿＿＿＿＿＿＿＿＿＿＿ ）
というわけではなさそうですね。

ところで、移民した人々の食卓を再現した**3** （日本人移民の食卓）をみると、
（F：＿＿＿＿＿＿＿＿＿＿＿＿＿＿＿＿＿＿＿＿ ）
ということに気づきますね。こういうところで、日本とのつながりを感じていた
のでしょうか？

このページで気づいたこと、もっと知りたいと思ったことを疑問のかたちでまとめてみよう。

1

▶教科書 p.26〜27

18世紀の世界とアジア

①〜⑯に入る語句を答えよう。

豊かなアジアへのあこがれ

- 18世紀のアジアでは、経済や文化が発達していた。そこで生産される（ ① ）のうち、インド産の（ ② ）は、（ ③ ）の対価としても用いられた。また、中国産の（ ④ ）を陶磁器で飲む習慣は、イギリスで上・中流階級のたしなみだった。
- ヨーロッパ諸国は、（ ⑤ ）という特許会社を設立するなどしてアジアに進出したが、東南アジア島嶼部やインド沿岸部を除くと、植民地にするのは容易ではなかった。
- 清は、17世紀後半に即位した（ ⑥ ）以来、繁栄の時代にあり、ここに渡った宣教師らの報告した中国の政治体制や文化は、ヨーロッパの思想家に大きな影響を与えた。

ヨーロッパ諸国の海外進出

- ヨーロッパ諸国は、16世紀頃から海外へ進出しはじめ、18世紀頃までに（ ⑦ ）を植民地化し、アフリカ西海岸に拠点を設けた（③）とあわせて、（ ⑧ ）と呼ばれる体制を成立させた。
- ヨーロッパ諸国間の植民地獲得競争は、18世紀後半にイギリスの勝利で終わったが、（ ⑨ ）やラテンアメリカ諸地域の独立により、ヨーロッパ諸国は新たな進出先を求めるようになった。

日本・琉球・蝦夷地

- 江戸幕府がおこなったキリスト教の禁止、貿易や日本人の海外渡航などの規制は、のちに「（ ⑩ ）」と呼ばれたが、幕府はいわゆる「（ ⑪ ）」を通じて海外との交流を続け、同時代の国際情勢も把握した。
- 幕府が貿易を統制すると、それまで（ ⑫ ）であった綿織物・茶・陶磁器・砂糖などが日本国内で生産されるようになった。
- （⑫）の国産化や新田開発などによる農業生産の伸びにより、江戸・京都・大坂の三都を中心に（ ⑬ ）が形成された。
- 明・清の（ ⑭ ）としての立場をとっていた（ ⑮ ）は、17世紀に薩摩藩の侵攻を受けてから、日本の支配を実質的に受けるようになった。一方、現在の北海道にあたる（ ⑯ ）は、まだ日本の領域としては把握されていなかった。

①	
②	
③	
④	
⑤	
⑥	
⑦	
⑧	
⑨	
⑩	
⑪	
⑫	
⑬	
⑭	
⑮	
⑯	

テーマの問いを考えよう

> テーマの問い 18世紀のアジアは、経済や文化が発達していた。こうした状況は、ヨーロッパにどのような影響を与えたのだろうか？

地図で確認しよう

18世紀半ばの世界

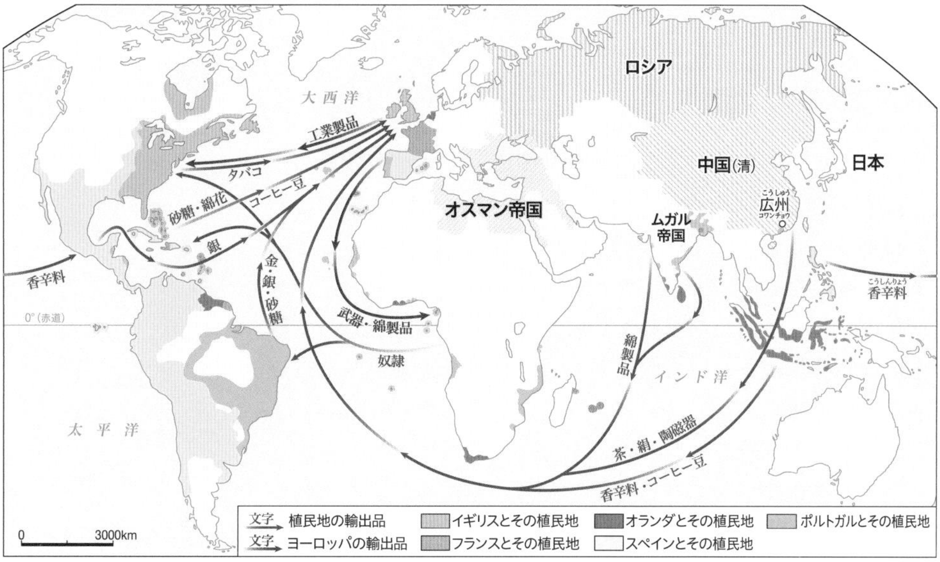

（地図中の表記）
ロシア
中国(清)
日本
オスマン帝国
ムガル帝国
広州 コウシュウ コワンチョウ
大西洋
太平洋
インド洋
0°(赤道)
工業製品
タバコ
砂糖・綿花
コーヒー豆
銀
金・銀・砂糖
香辛料
武器・綿製品
奴隷
綿製品
茶・絹・陶磁器
香辛料・コーヒー豆
香辛料 こうしんりょう

0 3000km

文字 植民地の輸出品　□イギリスとその植民地　■オランダとその植民地　■ポルトガルとその植民地
文字→ ヨーロッパの輸出品　■フランスとその植民地　■スペインとその植民地

問1　ヨーロッパ諸国が輸入した商品のうち、右の商品の産地はどこだろうか。

綿織物：

茶・陶磁器：

問2　東南アジア島嶼部やインド沿岸部に塗られている色は、何をあらわしているのだろうか。

写真で確認しよう

問3　右のようなマイセン焼はなぜつくられたのだろうか。

（①＿＿＿＿＿）の都市マイセンで、（②＿＿＿）風の絵柄の陶磁器がつくられた理由は、人気のある（②）の陶磁器と同じものをつくってヨーロッパ諸国に売れば（③＿＿＿）を上げられると期待したためだと考えられる。

問1～3をもとにテーマの問いを考えてみよう。

2 産業革命

①〜⑯に入る語句を答えよう。

産業革命がおこった背景

● イギリスでは、（ ① ）のほかに様々な製造業や商業が発達し国内には豊かな（ ② ）がたくわえられた。18世紀に入ると、農村では（ ③ ）によって多くの農民が土地を失い、工場などの（ ④ ）となった。

● 豊富な（②）と労働力がたくわえられたイギリスは、（ ⑤ ）や鉄などの天然資源にもめぐまれており、これらを工業生産に役立てることができた。

● 華やかな染色も可能なインドの（ ⑥ ）は、イギリスで人気が高まり、これを自国でつくろうとする動きがおこった。

つながる技術革新

● （ ⑦ ）の分野で始まった工業生産の技術革新により、紡績や織布を（ ⑧ ）する発明や改良があいつぎ、ワットが改良した（ ⑨ ）が動力に利用されて生産が飛躍的に進んだ。技術革新は、機械工業や鉄工業・（⑤）業の発達にもつながった。

● 大量の原料や製品の輸送が必要となったため、道路や（ ⑩ ）の建設が進んだ。19世紀に入ると、アメリカ合衆国のフルトンが発明した（ ⑪ ）やイギリスのスティーヴンソンが実用化した（ ⑫ ）などにより交通・運輸の分野でも大きな変革がおこった。

広がる産業革命

● 産業革命を最初に達成したイギリスは「（ ⑬ ）」と呼ばれ、これに対抗して19世紀末までに西ヨーロッパ諸国やアメリカ・ロシア・日本でも産業革命が始まった。

社会の変化・暮らしの変化

● 産業革命により（ ⑭ ）が成立し、この過程で、（ ⑮ ）と賃金労働者という2つの社会階層があらわれた。

● 急激な都市化や人口増加により発生した新たな社会問題・労働問題に対し、労働者たちは（ ⑯ ）をおこして労働条件や生活環境の改善を訴えることもあった。

①	
②	
③	
④	
⑤	
⑥	
⑦	
⑧	
⑨	
⑩	
⑪	
⑫	
⑬	
⑭	
⑮	
⑯	

テーマの問いを考えよう

テーマの問い 産業革命によって、機械を用いた大量生産が可能となった。このことは、社会や生活をどのようにかえたのだろうか？

図で確認しよう

問1　2つの図にはどのような違いがあるだろうか。

 左の図では、（①　**住宅** ／ **工場**　）で（②＿＿＿＿＿）によって糸を紡いでいる。右の図では、（③　**住宅** ／ **工場**　）で（④＿＿＿）を使って糸を紡いでいる。

資料で確認しよう

問2　産業革命後の社会について記した右の資料にある「2つの国民」とは、何を意味しているのだろうか。

| |
| と |

> 2つの国民。そのあいだには、何の往来も共感もない。彼らは、あたかも寒帯と熱帯に住むかのように、またまったく別の遊星人であるかのように、おたがいの習慣、思想、感情を理解しない。それぞれ違ったしつけで育てられ、まったく違った食物を食べている。おたがいに別のしきたりがあって、同じ法律で統治されてはいないのだ。
> （ディズレーリ『シビル』／長島伸一『世紀末までの大英帝国』）

図で確認しよう

問3　右の図に描かれている少年は、何をされているのだろうか。

| |

織物工場で働く少年

問1～3をもとにテーマの問いを考えてみよう。

| |

3 アヘン戦争と日本

▶教科書 p.32〜33

①〜⑯に入る語句を答えよう。

日本近海にあらわれる外国船

● 18世紀前半の日本では、（ ① ）が取り入れられ、海外情勢や江戸幕府の対外政策などへの関心が高まった。

● 日本近海にヨーロッパやアメリカ合衆国の船がたびたびあらわれるようになると、幕府は1825年に（ ② ）を出して、外国船を排除する政策をとった。

● 外国船のなかには、日本に（ ③ ）を求めるだけでなく、日本人漂流民の返還を試みるものもあった。幕府は、ロシアから帰還した（ ④ ）をはじめとする帰還漂流民からも海外の情報を収集した。

アヘン戦争と中国の開港

● 清は、ヨーロッパ諸国との貿易を（ ⑤ ）のみに限る政策をとっていた。

● 18世紀になると、ヨーロッパやアメリカでは（ ⑥ ）の消費が急増し、中国から大量に買いつけた。イギリスは、（⑥）の対価として望んだ自国の工業製品が期待通りに売れなかったため、（ ⑦ ）を始めて中国に（ ⑧ ）をもち込んだ。

● イギリスへの（ ⑨ ）の流出や（⑧）の害毒が大きな社会問題となったため、中国は（⑤）に（ ⑩ ）を派遣して（⑧）の没収など強硬な対策をとった。

● イギリスは1840年に（⑧）戦争をおこして、42年の（ ⑪ ）により（ ⑫ ）の割譲や5港の開港・賠償金の支払いなどを認めさせた。さらに、43年には清に（ ⑬ ）などを認める追加条約を結ばせた。清は、44年にアメリカ・フランスとも通商条約を結んだ。

アヘン戦争と日本への影響

● 幕府は「（ ⑭ ）」と呼ばれる報告書から戦争の情報を分析して、1842年に（②）を（ ⑮ ）に改めて、外国との戦争を避ける方針をとった。

● （ ⑯ ）は、1844年に開国を勧告する親書を幕府に送ったが、幕府は「鎖国」を理由として開国を拒絶した。

①	
②	
③	
④	
⑤	
⑥	
⑦	
⑧	
⑨	
⑩	
⑪	
⑫	
⑬	
⑭	
⑮	
⑯	

テーマの問いを考えよう

 テーマの問い 清がアヘン戦争に敗れ、欧米諸国のアジア進出が進んだ。このことは、日本にどのような影響を与えたのだろうか？

図で確認しよう

問1 下の図について述べた次の文の空欄に入る語句を考えてみよう。

（① ＿＿＿＿）を太平洋に出していたヨーロッパやアメリカ合衆国は、日本を（② ＿＿）や食料・燃料を補給する場所として期待していた。また、それをきっかけに日本との（③ ＿＿＿）を考える国もあった。

クトゥーゾフ号の航海

図で確認しよう

問2 右の図に描かれた戦争の結果を知った江戸幕府は、外国船に対応する政策をどのように改めたのだろうか。

資料で確認しよう

問3 右の資料を幕府が拒否したことから、幕府が鎖国をやめようとしたと考えられるだろうか。

 （ 考えられる ／ 考えられない ）。

………ここに殿下に丁寧に忠告します。今の日本の幸せな状態を戦争によって失いたくないならば、外国との交流をきびしく禁止する法をゆるくしなければなりません。

オランダ国王の親書

問1～3をもとにテーマの問いを考えてみよう。

4 日本の開国

▶教科書 p.34〜35

①〜⑮に入る語句を答えよう。

ペリー来航

● 18世紀後半に独立を達成したアメリカ合衆国は（ ① ）や貿易における航海上の寄港地として、また蒸気船の（ ② ）を補給する地として日本の開国を求めた。

● 1853年、アメリカ使節ペリーは、日本の開国を求めて大統領の国書を持参したが、江戸幕府は回答を翌年に引きのばす一方、（ ③ ）に報告したり、諸大名に意見を求めたりした。このことにより（③）の権威は高まり、諸大名は幕府に政治の意見を述べるようになった。

● ペリーの来航後、ロシア使節（ ④ ）も長崎に来航し、幕府に開国を求めた。

● 1854年、ペリーが再来航し、（ ⑤ ）を結んだ。（⑤）では、（ ⑥ ）と箱館を寄港地とすることなどが定められたが、日本側だけに（ ⑦ ）が義務づけられるなど不平等な内容も含まれていた。

● 幕府はロシアとも和親条約を結び、国境を（ ⑧ ）と得撫島のあいだに定め、樺太を従来通り両国人の雑居地とした。

通商の開始

● （⑤）を結んだアメリカは（ ⑨ ）を日本に駐在させ、幕府に通商条約の締結を求めた。

● 幕府は通商条約調印について（③）に意見を求めたが、外国人を打ち払おうという（ ⑩ ）の意見が強く、許可を得られなかった。

● 1858年に大老に就任した（ ⑪ ）は、朝廷の許可が得られないまま（ ⑫ ）に調印した。

● （⑫）は、日本に滞在する自国民への（ ⑬ ）を認め、日本が輸入する税率は協議して決定するなど、不平等なものであった。

● 幕府はアメリカについで、イギリス・オランダ・ロシア・フランスとも通商条約を結んだが、これを（ ⑭ ）という。

洋学の導入

● 日本では欧米諸国から学び、それらの国に対抗しようとする動きが広まり、幕府は洋書を翻訳したり洋学を教えたりする（ ⑮ ）を設けた。

①	
②	
③	
④	
⑤	
⑥	
⑦	
⑧	
⑨	
⑩	
⑪	
⑫	
⑬	
⑭	
⑮	

テーマの問いを考えよう

テーマの問い 19世紀後半に開国し、貿易を開始した日本。欧米諸国と条約を結んだが、それはどのような内容だったのだろうか？

問1 18世紀末以降、アメリカ合衆国などの列強は、なぜ日本に通商を求めるようになったのだろうか。

（① ＿＿ ＿＿ ＿＿ ）を進めた列強は、原料の供給地や製品を（② **買う** ／ **売る** ）場所を求めていたため、日本に開国・通商を求めるようになった。

資料で確認しよう

問2 日米和親条約の内容を確認しよう。

・伊豆の（① ＿＿＿＿ ）と松前の（② ＿＿ ＿＿ ）の2港への渡来を許可する。
・日本政府はアメリカ船の欠乏している薪、（③ ＿＿ ）、食料、石炭などの品を供給する。
・日本政府はアメリカへ最恵国待遇をおこなう。

> 2 伊豆〔静岡県〕の下田と松前〔北海道〕の箱館の2港は、日本政府が、アメリカ船の欠乏している薪・水・食料・石炭などの品を、日本で調達できるだけは供給するので、渡来を許可する。……
> 9 日本政府が、アメリカ以外の外国人に対し、現在アメリカ人に許可していないことを許す場合は、アメリカ人にも同様に許可し、このことについては談判に時間をかけない。
>
> **日米和親条約**

資料で確認しよう

問3 日米修好通商条約の内容を確認しよう。

・国内に輸出入する品物については、別につくる貿易の規定通りの（① ＿＿ ＿＿ ）を日本の役所におさめる。
・日本人に対し犯罪をおかしたアメリカ人は取調べのうえ、（② ＿＿＿＿＿＿＿ ）の法律によって処罰する。

> 4 すべて国内に輸出入する品物については、別冊の通り〔別につくる貿易についての規定通り〕日本の役所へ関税をおさめる。……
> 6 日本人に対し犯罪をおかしたアメリカ人は、アメリカ領事裁判所において取調べのうえ、アメリカの法律によって処罰する。アメリカ人に対して犯罪をおかした日本人は、日本の役人が取調べのうえ、日本の法律によって処罰する。……
>
> **日米修好通商条約**

問1～3をもとにテーマの問いを考えてみよう。

5 日本開国期の国際情勢

▶教科書 p.38〜39

①〜⑯に入る語句を答えよう。

「西洋の衝撃」とアジア諸地域

●産業革命によって科学技術が発達し、(①)を高めた欧米諸国は、武力を背景にアジア諸地域へ進出していった。これに対して、アジア諸地域は、欧米諸国をモデルに政治や軍事制度を改めようと試みた。

●列強の支配に対し、一般民衆も含めた幅広い階層の人々による抵抗運動もおこった。イギリスの進出したムガル帝国では1857年に(②)がおこった。

太平天国と第2次アヘン戦争

●アヘン戦争後、社会不安が大きくなっていた清では、(③)の独自の理解にもとづいて建てられた(④)が蜂起して、1853年に(⑤)を占領した。

●イギリスは、中国貿易の利益が思ったほど上がらなかったため、1856年に第2次アヘン戦争をおこし、60年の(⑥)で(⑦)の北京駐在、(③)布教の自由などを清に認めさせた。

●第2次アヘン戦争後、列強は(⑧)を組織して清に協力し、(④)と戦った。1864年に(④)は滅びた。その後、清は(⑨)を進めて富国強兵をめざした。

●アメリカは、第2次アヘン戦争を理由として、日本に(⑩)の調印をせまった。

クリミア戦争と南北戦争

●18世紀以来(⑪)を進めていたロシアは、1853年に(⑫)へ侵攻したが、これを警戒したイギリスはフランスとともに(⑬)をおこして、ロシアの進出を阻止した。

●アメリカでは、(⑭)などをめぐって、北部の州と南部の州の対立が続いていた。1860年に(⑭)に反対する共和党の(⑮)が大統領に当選すると、南部の州がアメリカ合衆国から離脱したため、61年に(⑯)が勃発した。

●(⑯)は北部の勝利で終わり、戦後は国内の統一と整備が最重要課題となったため、アメリカのアジア進出は、一時消極的になった。

①	
②	
③	
④	
⑤	
⑥	
⑦	
⑧	
⑨	
⑩	
⑪	
⑫	
⑬	
⑭	
⑮	
⑯	

テーマの問いを考えよう

テーマの問い 日本が開国した頃、世界各地で戦争や反乱がおきていた。このことは、日本にどのような影響を与えたのだろうか？

地図で確認しよう

問1 右の地図と教科書26ページ■の地図を比べると、アジアやアフリカにはどのような変化がみられるだろうか。

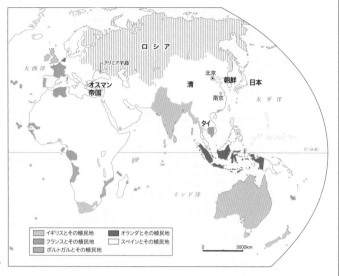

イギリスとその植民地　オランダとその植民地
フランスとその植民地　スペインとその植民地
ポルトガルとその植民地

0　　　3000km

19世紀後半の世界

年表で確認しよう

問2 右の年表の期間に、日本は外国と戦争をしたのだろうか。

（　した　/　していない　）。

問3 右の年表の期間に、欧米諸国は日本に武力侵攻する余裕があったと考えられるだろうか。

（　考えられる　/　考えられない　）。

年	できごと
1846	アメリカ＝メキシコ戦争（～48）
1848	ヨーロッパ各地で革命運動（1848年革命） 外国勢力の支配が強まるイランで、バーブ教徒の反乱（～52）
1851	太平天国の蜂起（～64）
1853	ペリー来航 クリミア戦争（～56）
1854	日米和親条約調印
1856	第2次アヘン戦争（～60）
1857	インド大反乱（～59） メキシコ内乱（～67）
1858	日米修好通商条約調印 フランスのインドシナ出兵（～67）
1861	フランス・イギリス・スペインのメキシコ出兵（～67） 南北戦争（～65）

日本の開国期に世界でおきたおもな事件

問1～3をもとにテーマの問いを考えてみよう。

6 開国後の日本社会

▶教科書 p.40〜41

①〜⑮に入る語句を答えよう。

開港とその影響

●日本と欧米諸国との貿易は、（ ① ）・長崎・箱館の３港で始まった。貿易での輸出入額は(①)が圧倒的に多かった。輸出品では（ ② ）が約８割を占め、輸入品では毛織物や綿織物が多かった。

●安い綿製品が輸入されたため、日本国内の（ ③ ）栽培や綿織物業は経営がきびしくなった。

●外国では日本より（ ④ ）の価値が高かったため、多額の(④)貨が海外に流出した。江戸幕府は(④)の含有量を減らした(④)貨を発行したが、貨幣価値が下がり、物価は上昇して、人々の生活は苦しくなった。

開港前後の江戸幕府

●14代将軍の候補に徳川慶喜と（ ⑤ ）があがり、大老に就任した（ ⑥ ）は、(⑤)を後継者として定めた。

●(⑥)は、日米修好通商条約を結んだことや14代将軍を決めたことに反対する人々をきびしく罰した。これを（ ⑦ ）という。

●(⑥)に反対する人々は(⑥)を暗殺した。これを（ ⑧ ）という。(⑥)が暗殺されたことで幕府の威信は低下した。

●幕府は天皇の権威を利用して威信の回復をはかるため、朝廷と幕府が協力することを考え、（ ⑨ ）の政策を進めた。

倒幕運動の動き

●開港し、貿易が始まると、天皇を崇拝する論と外国人を打ち払おうとする論が結びついた（ ⑩ ）運動が盛んとなった。

●(⑩)を藩の考えとする（ ⑪ ）は、下関を通過する外国船を砲撃したが、のちにその報復として外国の攻撃を受けて敗北した。

●（ ⑫ ）は、イギリス人殺傷事件の報復にきたイギリス艦隊に敗れた。

●(⑪)と(⑫)はともに攘夷が不可能であることを知り、倒幕の立場をとるようになった。両藩は土佐藩出身の（ ⑬ ）と中岡慎太郎の仲介で（ ⑭ ）を結んだ。

●この時期には物価の上昇や政治の混乱から「世直し」への期待が高まり、「（ ⑮ ）」の乱舞が流行した。

①	
②	
③	
④	
⑤	
⑥	
⑦	
⑧	
⑨	
⑩	
⑪	
⑫	
⑬	
⑭	
⑮	

テーマの問いを考えよう

🏳️ **テーマの問い** 開国し、貿易を開始した日本。このことは、当時の日本社会や
人々にどのような影響を与えたのだろうか?

問1　貿易が開始されたことで、日本国内の経済はどのように変化したのだろうか。

・安い(① ＿＿ ＿＿ ＿＿)が輸入されたため、日本国内の綿花栽培や綿織物業は打撃を
受けた。
・生産された(② ＿＿ ＿＿)などが輸出用にあてられたため、国内で品薄となって、
物価が高くなる一因となった。
・外国では(③ ＿＿)の価値が日本より高かったため、多量の(③)貨が海外に流出した。

図で確認しよう

問2　問1で考えたことをもとに、どのような
行動をとった人々がいたか確認しよう。

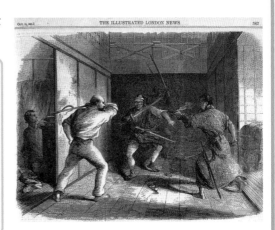

・右の図は、日本人により日本国内
の(① ＿＿ ＿＿ ＿＿)が襲撃される
事件の様子を描いたものである。
・幕府の開国や通商政策に反対し、
(①)を排除しようとする考えと、
天皇を崇拝する考えが結びついて
(② ＿＿ ＿＿ ＿＿ ＿＿ ＿＿ ＿＿)が盛
んとなった。

問3　長州や薩摩などの有力な藩はどのような動きをみせたのだろうか。

・長州藩は下関を通過する外国船を砲撃したが、アメリカ・オランダ・フランス・
イギリスの連合艦隊に報復として下関の砲台を占領された。
・薩摩藩も(① ＿＿ ＿＿ ＿＿ ＿＿)人を殺傷する事件をおこし、報復にきた(①)艦隊に敗
れた。
・外国の軍事力を知った長州藩と薩摩藩は攘夷が不可能であることを知り、しだい
に(② ＿＿ ＿＿)の立場をとるようになった。

問1〜3をもとにテーマの問いを考えてみよう。

7 市民革命と国民統合

▶教科書 p.42〜43

①〜⑯に入る語句を答えよう。

自然法の思想と社会契約説

- 17世紀のヨーロッパで生まれた（ ① ）の思想から、国家の起源を（ ② ）な個人どうしが自発的に取り結ぶ契約に求めるという（ ③ ）が生まれた。
- （③）は、身分制社会や圧政に対する抵抗の根拠となり、18世紀後半から19世紀半ばにかけて、いわゆる（ ④ ）と呼ばれるできごとが各地でおこった。

アメリカの独立

- アメリカ大陸北部での植民地の拡大をめぐって（ ⑤ ）と争いを繰り広げたイギリスは、その費用を植民地へ重税を課すことなどによってまかなおうとした。これに対して、植民地側は「（ ⑥ ）」ととなえて強く反発し、1773年には（ ⑦ ）がおこった。
- イギリスが抵抗運動を弾圧すると、1775年に（ ⑧ ）がおこり、翌年、植民地側は独立を宣言した。
- 1783年に独立を達成したアメリカ合衆国は、（ ⑨ ）・三権分立・連邦主義などを柱とした憲法を制定し国作りを進めたが、（ ⑩ ）やアフリカ人奴隷は国家の構成員とはみなされなかった。

フランス革命と国民統合

- フランスでは、きびしい身分制度があり（ ⑪ ）と呼ばれる平民は、重税に苦しんでいた。国王（ ⑫ ）は、財政危機を解決するために特権身分への課税を試みたが、反発をうけた。
- 1789年におこった（ ⑬ ）はやがて急進化し、93年には（⑫）が処刑された。また、人間の自由・平等などを主張した（ ⑭ ）が採択されたが、革命側の内部抗争や外国の干渉により政治の混乱は深まった。
- 内外の混乱をおさえて国民の絶大な支持を得た（ ⑮ ）は、周辺諸国の征服にも乗り出し、1804年に皇帝となった。
- （⑮）に征服された地域では、（⑬）の理念が伝えられて改革がうながされた一方、外国の支配に反対する（ ⑯ ）も成長した。以後、ヨーロッパでは、民族独立や国民統合の気運が高まり、19世紀後半にはドイツやイタリアも統一を達成した。

①	
②	
③	
④	
⑤	
⑥	
⑦	
⑧	
⑨	
⑩	
⑪	
⑫	
⑬	
⑭	
⑮	
⑯	

テーマの問いを考えよう

テーマの問い　市民革命を通じて、「自由」「平等」という考えが広がった。
このことは、世界にどのような影響を与えたのだろうか?

地図で確認しよう

問1　右の地図にある❶～❺のできごとを、年代順に並べてみよう。

問2　問1の解答からどのようなことが読み取れるだろうか。

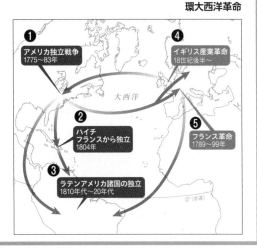

環大西洋革命

❶アメリカ独立戦争
1775～83年
❹イギリス産業革命
18世紀後半～
❷ハイチ
フランスから独立
1804年
❺フランス革命
1789～99年
❸ラテンアメリカ諸国の独立
1810年代～20年代
大西洋
0°(赤道)

資料と図で確認しよう

すべての人間は生まれな
がらにして平等であり、
その創造主によって、生命、
自由、および幸福の追求
を含む不可侵の権利を与
えられているということ。
(AMERICAN CENTER JAPAN)

アメリカ独立宣言

1　人間は自由で権利において平等なものと
して生まれ、かつ生き続ける。社会的区
別は共同の利益にもとづいてのみ設ける
ことができる。
2　あらゆる政治的結合の目的は、人間のも
つ絶対に取り消し不可能な自然権を保全
することにある。これらの権利とは、自由、
所有権、安全、および圧政への抵抗である。
(河野健二編『資料フランス革命』)

人権宣言

フランス革命以前の社会を風刺し
た絵

問3　アメリカ独立宣言と人権宣言に共通する2つのキ
ーワードは何だろうか。

　　　　　　・

問4　これらの資料の立場からみると、上の図のような状態は望ましいといえるだろうか。

（　望ましいといえる　／　望ましいとはいえない　）。

問1～4をもとにテーマの問いを考えてみよう。

8 明治維新

▶教科書 p.46～47

①～⑮に入る語句を答えよう。

江戸幕府の滅亡

● 土佐藩は徳川氏も政治に参加する体制を構想し、いったん朝廷に政権を返すことを提案した。15代将軍(①)はこれを受け入れ、朝廷に(②)の上表を提出した。

● (②)後も(①)は政治の中心的存在にとどまろうとしたため、徳川氏の排除をめざす薩長両藩や公家の一部は(③)を出して、天皇を中心とする新政府を発足させた。

● 新政府の会議で(①)の領地の返上などが決定されると、(①)は(④)に入り、新政府と対決する姿勢を示した。

戊辰戦争

● 旧幕府勢力と新政府の一連の内乱を(⑤)という。

● 旧幕府勢力と新政府の交渉で、(⑥)が無血開城され、この地での大きな戦いが避けられた。

● (⑤)は、(⑦)で旧幕府勢力が敗れたことで終結し、日本国内は新政府により統一された。

明治新政府の政策

● (⑤)のさなか、新政府は(⑧)を出して広く意見を取り入れる政治を宣言した。

● 新政府は(⑧)を出す一方で(⑨)を発表したが、その方針は江戸時代の統治とかわらなかった。

● 新政府は、政治権力を中央政府である(⑩)に集中させた。また、江戸を東京と、元号を(⑪)と定め、天皇の即位式もおこなった。

● (⑤)が終わると、新政府は大名に領地と領民を天皇へ返上させる(⑫)の命令を出した。しかし大名は(⑬)として地方長官となり、今まで通り藩の政治を継続させた。

● 1871年、新政府は徴税権と軍事力を吸収するため、すべての藩を廃止して府・県とし、新政府が任命する府知事と県令に地方行政を担わせる(⑭)をおこなった。

● 江戸時代末期からの、天皇を中心に全国をおさめる一連の改革を(⑮)という。

①	
②	
③	
④	
⑤	
⑥	
⑦	
⑧	
⑨	
⑩	
⑪	
⑫	
⑬	
⑭	
⑮	

テーマの問いを考えよう

> **テーマの問い** 王政復古の大号令で新政府を樹立した日本。新政府は、
> どのように新国家を建設しようとしたのだろうか？

問1 王政復古（おうせいふっこ）の大号令（だいごうれい）が出されたあと、旧幕府勢力はどのような動きをとったのだろうか。

・徳川慶喜（よしのぶ）を擁（よう）し、新政府と鳥羽・伏見で戦い敗れたものの、その後（① ＿＿ ＿＿）で敗れるまで戦いを続けた。
・旧幕府勢力と新政府の一連の戦いを（② ＿＿ ＿＿ ＿＿ ＿＿）という。

資料で確認しよう

問2 新政府は教科書46ページの **3** のような組織をつくったり、新しい方針を整えたりしたが、その方針にはどのような特徴があったのだろうか。

・新政府は（① ＿＿ ＿＿ ＿＿ ＿＿ ＿＿ ＿＿ ＿＿）を出して、広く意見を取り入れる政治を宣言した。
・一方で、新政府は全国の民衆に向けて（② ＿＿ ＿＿ ＿＿ ＿＿）を出し、江戸時代とかわらない統治方針を示した。

（①）
一、広く会議を開いて、政治のすべては人々の意見をまとめて決定すべきである。

（②）
第一札の定 一、人として五倫（ごりん）＊の道を守ること。
一、夫や妻をなくした人、身寄りのない人、身体障害者や病人を助けなさい。
一、人殺し、放火、盗みなどの犯罪をおこなってはならない。
第三札の定 キリシタンや世に害毒を流す宗教は禁止する。もし、不審（ふしん）な者があれば役所へ訴（うった）えてよ。褒美（ほうび）がくだされるであろう。

＊儒教（じゅきょう）の倫理（りんり）で、君臣（くんしん）の義（ぎ）・父子（ふし）の親（しん）・夫婦（ふうふ）の別（べつ）・長幼（ちょうよう）の序（じょ）・朋友（ほうゆう）の信（しん）の5つ。

問3 旧幕府勢力と新政府の戦いが終わると、新政府はどのように国家づくりを進めたのだろうか。

・大名に領地と領民を天皇へ返上させる（① ＿＿ ＿＿ ＿＿ ＿＿）の命令を出したが、大名は知藩事として地方長官となり、今までの藩の政治を継続させた。
・新政府は徴税権と軍事力を吸収するため、（② ＿＿ ＿＿ ＿＿ ＿＿）を断行し、新政府が任命する府知事と県令に地方行政を担当させた。

問1〜3をもとにテーマの問いを考えてみよう。

9 富国強兵と文明開化

▶教科書 p.48〜49

①〜⑮に入る語句を答えよう。

富国強兵

●明治政府は欧米諸国に追いつき、対等な関係を築くため、（ ① ）をめざした。

●明治政府は、大名と公家を華族、武士を士族、百姓や町人を（ ② ）とし、（②）には苗字をもつことや職業選択の自由、華族や士族との結婚を認めた。これを（ ③ ）という。

●政府は国民皆兵の方針のもと、1873年に（ ④ ）を出して、満20歳以上の男性に原則として３年間の兵役につく義務を課した。

●政府は安定した財源を確保するため、（ ⑤ ）を発行して土地所有者に土地所有権を認めたうえで、1873年に（ ⑥ ）を実施した。これにより土地の価格が課税対象となり、（⑤）所有者が定額の地租を現金でおさめることになった。

●政府は国内の産業を育成する（ ⑦ ）を進めた。そのため外国人が雇われたり、金融制度が整備されたりした。1882年には中央銀行として（ ⑧ ）が設立された。

●政府は鉄道を敷設し、郵便制度を発足させた。また官営模範工場として群馬県に（ ⑨ ）を建設し、1873年には内務省を設立して、産業技術の国内への普及につとめた。

●政府は北方の開発にも乗り出し、蝦夷地を北海道に改称後、開拓使をおいて開発を進め、士族を（ ⑩ ）として移住させ、北方警備と開拓に当たらせた。

文明開化

●日本は欧米から思想・教育・生活習慣などを積極的に導入した。これを（ ⑪ ）という。

●明治政府は神道を国教化しようとしたため、全国で仏教が排除される運動がおこった。これを（ ⑫ ）という。

●教育ではすべての子どもを小学校で学ばせる方針のもと、1872年に（ ⑬ ）が公布された。

●大都市ではれんが造りの建物が建設され、道には馬車や人力車が通り、ランプや（ ⑭ ）がともされた。

●1872年には欧米諸国にあわせて（ ⑮ ）が採用され、１日が24時間、日曜日が休日となったが、農村部では旧暦が使われた。

①	
②	
③	
④	
⑤	
⑥	
⑦	
⑧	
⑨	
⑩	
⑪	
⑫	
⑬	
⑭	
⑮	

テーマの問いを考えよう

> **テーマの問い** 欧米諸国と対等な関係を築くことをめざした日本。欧米諸国
> に追いつくために、どのようなことに取り組んだのだろうか？

問1　欧米諸国に追いつくために、明治政府はどのような政策をとったのだろうか？

> ・政府は、欧米諸国と対等な関係を築くため、（① ＿＿ ＿＿ ＿＿）をめざした。
> ・具体的には、（② ＿＿ ＿＿ ＿＿）を出して国民皆兵を進めたり、（③ ＿＿ ＿＿ ＿＿ ＿＿）
> 　をおこなって財源を安定させたりした。

問2　国内の産業を発展させるため、政府はどのような政策をおこなったのだろうか。

> ・政府が主導して国内の産業を育成する（① ＿＿ ＿＿ ＿＿ ＿＿）を推進した。
> ・具体的には、技術をもった外国人を雇ったり、通貨や金融制度を整備するため
> 　（② ＿＿ ＿＿ ＿＿ ＿＿）を設立したり、群馬県の（③ ＿＿ ＿＿ ＿＿ ＿＿）のような官
> 　営模範工場を建設したりした。
> ・蝦夷地を（④ ＿＿ ＿＿ ＿＿）に改称後、開拓使をおいて開発を進めた。

図で確認しよう

問3　産業技術の導入のほかに、外国からの影響にはどのようなものがあるだろうか。

> ・思想や教育、生活習慣などの
> 　面でも欧米化が進んだが、こ
> 　れを（① ＿＿ ＿＿ ＿＿ ＿＿）と
> 　いう。
> ・義務教育制度を取り入れた
> 　（② ＿＿ ＿＿）が発布されたり、
> 　（③ ＿＿ ＿＿ ＿＿）が採用され
> 　たりもした。
> ・右の図には、欧米風の建物の
> 　ほか、イギリスの技術で開通
> 　した新橋駅の（④ ＿＿ ＿＿）が
> 　描かれており、多くの人々が
> 　利用していた。

問1〜3をもとにテーマの問いを考えてみよう。

▶教科書 p.50〜51

日本の明治初期の外交

①〜⑮に入る語句を答えよう。

岩倉使節団

●明治政府にとって、江戸時代末期に結んだ（ ① ）の改正は、外交上の大きな課題であった。廃藩置県を実施し、国内の中央集権が確立すると、政府は条約改正交渉を進めた。

●1871年に政府は岩倉具視を中心とした使節団をアメリカ合衆国とヨーロッパ諸国に派遣した。この使節団を（ ② ）という。しかし条約改正は果たせず、国内の政治や法制度を整備しなければならないことを認識した。

近隣諸国との関係

●明治政府は発足以来、正式に日本の（ ③ ）を定めつつ、近隣諸国と（ ④ ）を結んでいこうとした。

●江戸時代には、幕府と中国は正式な(④)がないまま貿易をおこなっていた。明治政府は1871年、中国(清)と（ ⑤ ）を結び、たがいに（ ⑥ ）を認めあうなど、対等な関係を築いた。

●江戸時代、琉球王国は（ ⑦ ）に実質的に支配されていたが、一方で中国に朝貢していた。明治政府は琉球王国を日本領とする方針を固め、1872年に（ ⑧ ）とした。さらに79年には(⑧)を廃止して沖縄県とした。これを（ ⑨ ）という。

●江戸時代に、朝鮮は（ ⑩ ）と呼ばれる使節を幕府に送り、（ ⑪ ）と貿易をおこなっていた。明治政府は、当時鎖国をしていた朝鮮に開国して国交を結ぶよう求めた。これに朝鮮が応じなかったため、武力で開国させようとする（ ⑫ ）がとなえられた。

●(⑫)は欧米から帰国した岩倉具視や大久保利通らによって否決されたものの、1875年に明治政府は朝鮮の首都漢城に近い江華島付近で軍事行動をおこし、朝鮮に開国をせまって、翌年朝鮮に不利な（ ⑬ ）を結んだ。

●北方では、ロシアとのあいだで樺太の帰属が問題になっていたが、1875年に（ ⑭ ）を結んで解決した。この結果、樺太はロシア領、得撫島以北の千島列島は日本領となった。以後、明治政府は北海道の開発に力を注いだ。

●南方では、政府は1876年に（ ⑮ ）の領有を宣言した。他国からの反対はなく、80年に(⑮)は東京府に編入された。

①	
②	
③	
④	
⑤	
⑥	
⑦	
⑧	
⑨	
⑩	
⑪	
⑫	
⑬	
⑭	
⑮	

テーマの問いを考えよう

 テーマの問い 近代国家として出発した日本。明治時代の初期に、政府は
諸外国と、どのような関係を築いていったのだろうか？

問1　明治政府による、江戸時代末期に結んだ不平等条約への対応に関する記述のうち、誤っているものを１つ選ぼう。

　ア　明治初期、政府にとって不平等条約の改正は、外交上の大きな課題であった。

　イ　政府は岩倉使節団を派遣し条約改正交渉を進め、成功をおさめた。

　ウ　岩倉使節団には、津田梅子などの留学生も加わっていた。

地図で確認しよう

問2　地図中の❶〜❸にあてはまる条約名
や地名を答えよう。

❶：

❷：

❸：

明治維新後の日本の領土

問3　中国と朝鮮では、日本の接し方が異なると考えられる。どのような違いがみられるだろうか。

・中国とは（① ＿＿ ＿＿ ＿＿ ＿＿ ＿＿ ＿＿）のなかで、たがいに領事裁判権を認めあう
など、対等な関係を築いた。

・一方、朝鮮とは（② ＿＿ ＿＿ ＿＿ ＿＿ ＿＿ ＿＿）を結んだが、日本のみ領事裁判権を
認めさせるなど、日本優位の不平等条約となった。

問１〜３をもとにテーマの問いを考えてみよう。

11 大日本帝国憲法の制定

①〜⑮に入る語句を答えよう。

明治政府への反乱

●明治政府による徴兵令・地租改正・学制などの政策に対し、農民のなかには不満をいだき、（ ① ）をおこす者もあらわれた。

●政府の改革のなかで特権を失った士族も不満をもち、反乱をおこす者もいたが、（ ② ）が中心となった（ ③ ）が鎮圧されると、武力による政府への反乱はおさまった。

自由民権運動

●征韓論を否決された（ ④ ）らにより、1874年に（ ⑤ ）が政府に提出された。その後、各地で立憲政治への関心が高まり、（ ⑥ ）が展開された。

●1880年には（ ⑦ ）が設立され、全国で国会開設の署名を集めた。また、各地で憲法の私案がつくられた。

●（⑥）の高まりのなかで、1881年に政府は国会を開設する約束をした。これを（ ⑧ ）という。一方、民権派は（ ⑨ ）の結成に取りかかった。

●政府は立憲政治を始めるにあたり、1885年に（ ⑩ ）を創設した。初代内閣総理大臣には長州藩出身の（ ⑪ ）が就任した。

大日本帝国憲法

●国会開設が決まると、政府は憲法制定の準備を進めた。（⑪）らは君主権の強いドイツの憲法を参考にして、1889年に（ ⑫ ）を制定した。

●（⑫）は天皇に大きな権限を与えており、とくに軍隊の（ ⑬ ）は議会だけではなく、内閣からも独立して天皇直属とされた。

●国会は帝国議会と呼ばれ、衆議院と（ ⑭ ）からなる二院制であった。国民は天皇の臣民とされ、制限を受けながらも、言論や信教の自由が認められた。

議会の始まり

●1890年に最初の衆議院議員選挙がおこなわれ、民権派の政党である（ ⑮ ）が議席の過半数を占めた。帝国議会では予算案と法律案が審議された。

①	
②	
③	
④	
⑤	
⑥	
⑦	
⑧	
⑨	
⑩	
⑪	
⑫	
⑬	
⑭	
⑮	

テーマの問いを考えよう

テーマの問い｜憲法にもとづいた議会を開設した日本。
その議会はどのような過程を経て成立したのだろうか？

グラフで確認しよう

問1　明治政府の急激な改革に対し、人々はどのように対応したのだろうか。

- 徴兵令・地租改正・学制などの政策に対し、農民らは（①＿＿＿＿＿）をおこした。
- 特権を失った士族も反乱をおこしたが、西郷隆盛が（②＿＿＿＿＿）で敗れると、武力による反乱はおさまり、言論で政府に反抗するようになった。

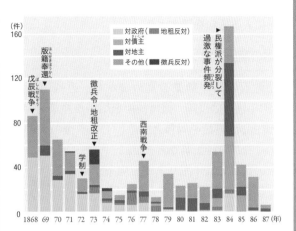

農民一揆の状況

問2　自由民権運動はどのように展開されたのだろうか。おこった順番を答えよう。

Ⅰ　征韓論を否決された士族から始まった自由民権運動は、署名活動などによって拡大した。

Ⅱ　過激な事件をおこしていた民権派が再集結し、言論の自由・地租の軽減・外交失策の挽回を政府に要求した。

Ⅲ　国会開設の勅諭が出されると、民権派は議会開設の準備のため、政党を結成するなどした。

| → → |

問3　政府が整えた内閣制度や憲法にはどのような特徴がみられるだろうか。

- 初代内閣は総理大臣が長州藩出身の（①＿＿＿＿）であり、国務大臣も長州・薩摩両藩の出身者が多い。
- 大日本帝国憲法は、（②＿＿＿）の強いドイツの憲法を参考にしており、天皇が国の元首として、大きな権限をもった。

問1～3をもとにテーマの問いを考えてみよう。

12 日本の産業革命と日清戦争

①〜⑮に入る語句を答えよう。

日本の産業革命

●明治政府は殖産興業を進めながら、近代産業を育成した。
1880年代半ば以降、機械技術を用いる産業を発達させたが、
その中心は綿花を原料とする(①)や蚕のまゆを原料とする
(②)などの軽工業であった。

●幕末の貿易ではイギリスから綿糸が輸入されていたが、1883
年に(③)が開業してからは、日本でも機械による(①)が盛ん
になった。

●綿糸は国内用だけでなく、中国や朝鮮などアジアへの輸出品と
しても生産されたが、原料の綿花は輸入に依存していた。

●蚕のまゆから(④)を生産する(②)は江戸末期から重要な輸出
産業であった。輸入機械を改良した(⑤)を導入した工場が設
立され、1909年に日本は世界最大の(④)の輸出国となった。

●重工業においても、政府は鉄鋼の国産化をめざして北九州に
(⑥)を設立した。

●鉄道では1889年に東京から神戸まで官営の(⑦)が全通した。

●このように欧米諸国から遅れて日本でも(⑧)が達成されたが、
一方で(⑨)からの鉱毒被害や労働者の劣悪な労働環境が問
題化するなど、(⑧)は社会問題も生み出していった。

日清戦争

●朝鮮では1884年の親日派のクーデタをきっかけに日清両国軍
が出動して緊張が高まった。この頃、日本では(⑩)が
「(⑪)」をとなえた。

●1894年に朝鮮で内乱がおこると再び清と日本は出兵し、つい
に(⑫)が勃発した。

●(⑫)は日本の勝利に終わり、1895年に(⑬)が結ばれた。清
は日本に対して、朝鮮の独立や(⑭)・台湾・澎湖諸島の割
譲、賠償金の支払いなどを認めた。

●東アジアに進出しようとするロシアは日本が中国に進出するこ
とに対抗しようと、フランスとドイツを誘って(⑭)を清に返還
する要求をおこなった。これを(⑮)という。

●(⑮)の結果、日本は(⑭)を清に返還した。

①	
②	
③	
④	
⑤	
⑥	
⑦	
⑧	
⑨	
⑩	
⑪	
⑫	
⑬	
⑭	
⑮	

テーマの問いを考えよう

 テーマの問い　1880年代以降、対外戦争を経つつ、産業革命を進展させていった日本。どのように産業を発展させたのだろうか？

問1　日本が産業を発達させた背景には、どのようなことが考えられるだろうか。

> ・明治政府は外国人を雇ったうえ、内務省（ない むしょう）を設立して技術を普及させたり、鉄道を敷いたりするなど（① ＿＿ ＿＿ ＿＿ ＿＿）を進めていた。
> ・1894〜95年には（② ＿＿ ＿＿ ＿＿ ＿＿）に勝利するなど、対外戦争を通して商品を売るための市場を広げた。

問2　日本の産業革命（さんぎょうかくめい）ではまず、どのような産業が発展したのだろうか。

> ・日本の綿糸は手紡ぎ（てつむ）でつくられていたため、安価な輸入品に圧倒されていたが、（① ＿＿ ＿＿ ＿＿ ＿＿ ＿＿）が開業して機械化が進み、紡績業（ぼうせきぎょう）が発展した。
> ・製糸業も従来の座繰製糸（ざ ぐりせいし）から（② ＿＿ ＿＿ ＿＿ ＿＿）となり、日本は世界最大の生糸の輸出国となった。

地図で確認しよう

問3　日清戦争後には、さらに産業革命が進展し重工業が発展するようになるが、以下にあげた地名や語句が存在する場所を地図中の❶〜❺から選ぼう。

大冶鉄山	（　　　）
筑豊炭田	（　　　）
八幡製鉄所	（　　　）
遼東半島	（　　　）
足尾銅山	（　　　）

日本の新領土

ロシア　樺太

清

❷ 三国干渉の結果、清に返還

ペキン 北京

朝鮮

日本海

黄河

山東半島 シャントン

漢城 ハンソン かんじょう

下関

東シナ海

日本

太平洋

東京

❶ ❸ ❹ ❺

台湾

澎湖諸島

長江

0　　　　1000km

日清戦争後の東アジア

問1〜3をもとにテーマの問いを考えてみよう。

13 帝国主義

▶教科書 p.56～57

①～⑰に入る語句を答えよう。

第2次産業革命と帝国主義

●欧米諸国は、19世紀中頃から（ ① ）や電力を新しい動力源とするようになり、技術の革新によって（ ② ）部門を発展させた。

●（②）が発展するには高度な技術と巨大な（ ③ ）を必要とするため、企業は（ ④ ）との関係を深めた。また、植民地は、（ ⑤ ）としても重要性が高まった。

●列強は、非ヨーロッパ世界への進出を強化し、世界を自国の植民地・勢力圏として分割していった。このような動きを（ ⑥ ）という。

●世界分割が進む過程で、20世紀初頭には、イギリス・フランス・ロシアによる（ ⑦ ）とドイツ・オーストリア・イタリアによる（ ⑧ ）が形成され、両者は対立するようになった。

アフリカと太平洋海域

●（⑥）の時代に世界分割のおもな対象となった地域は、アフリカと太平洋海域であった。

●アフリカでは、1884～85年に開催された（ ⑨ ）以降、急速に分割が進んだ。太平洋海域では、イギリスが（ ⑩ ）やニュージーランドで先住民を迫害しつつ開拓を進めた。また、アメリカ合衆国は、1898年に（ ⑪ ）を併合した。

中国における利権争い

●日清戦争後、列強は利権獲得のために中国に進出した。ロシアは清から（ ⑫ ）の敷設権を獲得し、1898年には遼東半島南部に位置する（ ⑬ ）の両都市を租借した。またドイツも山東半島の（ ⑭ ）を租借した。

●清では、日本の明治維新にならって政治の近代化をはかろうとする（ ⑮ ）が試みられたが、反対勢力のクーデタにより失敗した。

●列強の進出は、人々の排外感情を高めた。「（ ⑯ ）」をとなえる（ ⑰ ）は、1900年に北京に入り外国公使館を包囲し、清もこれを利用して列強を排除しようとした。

●（⑰）の鎮圧後、列強は中国への干渉をいっそう強めた。

①	
②	
③	
④	
⑤	
⑥	
⑦	
⑧	
⑨	
⑩	
⑪	
⑫	
⑬	・
⑭	
⑮	
⑯	
⑰	

テーマの問いを考えよう

テーマの問い　帝国主義の時代、列強は様々な地域を植民地とした。この過程で
欧米諸国の関係は、どのように変化したのだろうか？

問1　第2次産業革命によって、列強が非ヨーロッパ世界への進出を強化したのはなぜだろうか。

（①＿＿＿＿＿＿）部門を発展させるための（②＿＿＿＿＿＿＿＿）や商品の市場を
確保することに加え、欧米諸国が1870年代に深刻な不況となったことで、植民地を
重要な（③＿＿＿＿＿＿＿＿＿＿）とみなすようになったため。

問2　世界分割の過程で、列強諸国の関係はどのように再編されていったのだろうか。

世界分割が進む過程で、20世紀初頭には、イギリス・フランス・ロシアによる
（①＿＿＿＿＿＿）とドイツ・オーストリア・イタリアによる（②＿＿＿＿＿＿）
という2つの同盟関係が形成された。

問1〜2をもとにテーマの問いを考えてみよう。

地図で確認しよう

問1　アフリカの分割が急速に進む結果をもたら
した国際会議で、問題とされた地域はどこ
だろうか。つぎから1つ選ぼう。

ア　南アフリカ　　イ　マダガスカル
ウ　エチオピア　　エ　コンゴ

問2　アフリカ諸地域に現在の地図でもみられる
ような不自然に直線的な境界線が引かれて
いるのはなぜだろうか。

アフリカの分割（1914年まで）

14 日露戦争と韓国併合

---

14 日露戦争と韓国併合

テーマの問いを考えよう

> **テーマの問い** 日露戦争での日本の勝利は、世界を驚かせた。この勝利は、アジアにどのような影響を与えたのだろうか？

問1 日露戦争前の日本で、ロシアはどのような存在として考えられていたのだろうか。

> 日清戦争後の朝鮮では、(① ＿＿ ＿＿ ＿＿)と(② ＿＿ ＿＿＿)の対立が続いて混乱が続いていた。また、ロシアは(③ ＿＿ ＿＿ ＿＿ ＿＿＿)後も中国東北地方（満洲）から撤兵せず、朝鮮に進出しようとした。当時、朝鮮への進出を進めていた日本は、ロシアの行動を(④ ＿＿ ＿＿)と感じていた。

図で確認しよう

問2 右の図はどのようなことを風刺したものだろうか。

> この図はヨーロッパの
> (① **弱小国 ／ 大国**)
> であるロシアにアジアの
> (② **弱小国 ／ 大国**)
> とみられていた日本が
> (③ **余裕な ／ 無謀な**)
> 戦いを挑んでいる様子を風刺している。

問3 日露戦争後のアジア諸地域では、どのようなできごとがおこったのだろうか。

> アジアの諸民族は、(① ＿＿ ＿＿ ＿＿ ＿＿＿)を高め、ベトナムの(② ＿＿＿＿＿＿＿)運動や中国の(③ ＿＿ ＿＿ ＿＿＿)などの民族運動がおこった。(④ ＿＿ ＿＿)では、日本への抵抗運動が広がったが、日本に併合されて植民地となった。

問1〜3をもとにテーマの問いを考えてみよう。

どっちがお得？　自由貿易と保護貿易

▶教科書 p.60〜61

Q1 ■（自由貿易と保護貿易の違い）から、自由貿易を選ぶ国と保護貿易を選ぶ国には、どのような違いがあるといえるだろうか？

Q2 ①1円でも安い商品を買いたい人にとって、自由貿易はどのような意味をもつだろうか？
②他国より優れた製品の開発を進めている人や国にとって、保護貿易はどのような意味をもつだろうか？

①

②

Q3 ①イギリスは、清からおもに何を輸入していたのだろうか？
②イギリスは、清へ何を輸出したかったのだろうか？
③イギリスは、清に対してどのようなことを求めたのだろうか？
④清は、なぜイギリスの要求を受け入れなかったのだろうか？
⑤交渉に失敗したあと、イギリスはどのような手段で貿易の損失をおぎなおうとしたのだろうか？

①

②

③

④

⑤

Q4 つぎにあげた南部・北部それぞれの主張(教科書p.61)にある（　A　）から（　D　）に当てはまる言葉を、**3**（アメリカ合衆国の南部と北部の比較）**4**（南部の風景）**5**（北部の風景）を参照して考えてみよう！

A	B	C	D

Q5 「自由貿易を選択するか、保護貿易を選択するか」ということをめぐって、国家間や国内の地方間で意見が異なるという問題は、現代の社会でもみられるだろうか？　あるとしたら、どのような点が問題となっているのだろうか？

いまの私たちにつながる課題	対立・協調

意見がぶつかるのも前に進むため？

▶教科書 p.62〜63

Q1 **1**（外国人排斥運動）**2**（外国からの報復）**3**（ペリー来航後の江戸幕府の対応）**4**（諸大名の意見）のような経緯から、攘夷の意見と開国の意見はどちらが優勢になったと考えられるだろうか？

Q2 **5**（黒田清隆の演説）からは、政府のどのような方針が読み取れるだろうか？

Q3 なぜ、日清戦争前後に、政府と政党が対立する関係から、協調へと変化することになったのだろうか？

Q4 ①なぜ、日本とロシアは対立するようになったのだろうか？ **7**（日露戦争直前の情勢を描いた絵）も参考に考えよう。

②なぜ、イギリスは日本と手を結ぼうとしたのだろうか？

③**8**（与謝野晶子「君死にたまふこと勿れ」）、**9**（大学教授ら7人による満洲問題意見書）のように、国内の世論でも、日露戦争に反対する意見と賛成する意見があった。

8、**9**はそれぞれどのような理由で、反対・賛成しているのだろうか？

①

②

③

Q5 日本は明治時代になって、近代化の道を歩みはじめたが、国家としてどのような目標があったと考えられるだろうか？

第**2**部

国際秩序の変化や
大衆化と私たち

大正時代の東京駅　鉄道博物館蔵

国際関係の緊密化

（　A　）に当てはまる言葉は何だろう？

２つの世界大戦

■1（おもな戦争の犠牲者数）をみると、２つの世界大戦は、それまでの戦争と犠牲者数が大きく違います。なぜでしょう？

２つの世界大戦では、■2（戦車）や■3（核兵器）など、それまでにはなかった兵器が使われましたが、このほかにも犠牲者数が増えた理由があるかもしれません。

戦争への協力体制

第一次世界大戦には、どのような人々が参加したのでしょう？

■4（イギリスが動員した兵力）をみると、イギリスの（A：＿＿＿＿＿＿＿＿）の人々が戦争に参加していることがわかります。

■5（兵器工場の様子）をみると、女性が工場で働いています。
何をつくっているのでしょうか？

このページで気づいたこと、もっと知りたいと思ったことを疑問のかたちでまとめてみよう。

アメリカ合衆国と ソ連の台頭

▶教科書 p.67

(A) に当てはまる言葉は何だろう？

アメリカ合衆国

■1（1894年のニューヨーク）と■2（1930年のニューヨーク）では36年ほどしか
たっていないけれども、街の様子はかなり違いますね。

2枚の写真を比べて、何が違いますか。どのようなところがかわったのでしょうか？

なぜ、このような変化がみられたのか、考えてみましょう。

ソ連

1929年には（A：＿＿＿＿＿＿＿＿）がおこり、世界の経済は大きな打撃を受けました。

■3（各国の工業生産の推移）をみると、ソ連は（ A ）の影響をほとんど受けていませんね。

ソ連とほかの国には、どのような違いがあったのでしょうか？

このページで気づいたこと、もっと知りたいと思ったことを疑問のかたちでまとめてみよう。

植民地の独立

▶教科書 p.68

（　A　）〜（　B　）に当てはまる言葉は何だろう？

第一次世界大戦後のヨーロッパ

第一次世界大戦後、ヨーロッパでは（A:＿＿＿＿＿＿＿＿＿＿＿＿＿＿）
など多くの国が独立したのですね。

ヨーロッパ以外の地域でも多くの国が独立したのでしょうか？

第一次世界大戦後のアジア・アフリカ

第一次世界大戦後には、国際平和機構として（B:＿＿＿＿＿＿＿＿）が設
立されました。そして、ドイツなど敗戦国の植民地は、（　B　）から委任さ
れるといったかたちで、戦勝国が統治することになりました。

委任統治領と植民地は、何が違うのでしょうか？

このとき独立できなかった地域は、いつ独立するのでしょうか？

このページで気づいたこと、もっと知りたいと思ったことを疑問のかたちでまとめてみよう。

大衆の政治的・経済的・社会的地位の変化

（　A　）～（　B　）に当てはまる言葉は何だろう？

第一次世界大戦後の政治の変化

1（ヴァイマル憲法）は第一次世界大戦後のドイツで制定された憲法です。日本の
大日本帝国憲法（教科書p.53）と比べるとどのような違いがあるでしょうか？

大日本帝国憲法のもとでは、天皇主権や男性の制限選挙となっていましたが、
1は（A：＿＿＿＿＿＿＿＿＿＿＿）ですね。

1が制定された背景として、どのようなことが考えられるのでしょうか？
また、**1**が定めた（　A　）は当時、当たり前だったのでしょうか？

第一次世界大戦後の経済・社会の変化

3（各国の工業の発展）をみると、どの国の工業も発展していますね。

とくにアメリカの発展が著しいですね。

4（アメリカの広告）は（B：＿＿＿＿＿＿＿）の広告です。当時のアメリカでは、
（　B　）を生産する産業がとくに成長しました。

このページで気づいたこと、もっと知りたいと思ったことを疑問のかたちでまとめてみよう。

生活様式の変化

▶教科書 p.70〜71

人々の暮らし（世界）

■（1930年代の絵画に描かれたアメリカ合衆国）■（家電製品の広告）■（コカ=コーラのポスター）までの４つの絵にはどのようなものが描かれているでしょう？

当時のアメリカの人々は、どのような生活を送っていたのでしょう？

■（1900年頃の中国の上海）と■（1930年頃の中国の上海）をみると、アメリカ以外の国でも人々の生活は大きくかわったといえそうですね。

人々の暮らし（日本）

この時期の日本では、■（文化住宅）のような住宅が建てられました。

■は２つの家が１つにあわさったようにみえます。

■（文化住宅の間取り図）の間取り図をみると、特徴がトイつかめますね。

■と■をみて、外国の影響を受けたと考えられるところを探してみましょう。

■（就学率の推移）をみると、1910年頃には就学率はほぼ100%になっていますね。

義務教育を終えた子どもたちが社会に出る時期と、■（新聞の発行部数）にはどのような関係があると考えられるでしょう？

このページで気づいたこと、もっと知りたいと思ったことを疑問のかたちでまとめてみよう。

1 大衆運動の芽ばえ

▶教科書 p.72〜73

①〜⑮に入る語句を答えよう。

日本の東アジア進出

● (①)後の日本は列強と肩を並べるような強国として認知されるようになった。

● 日本は(②)を併合して植民地支配を進める一方、(③)とは歩み寄り、中国東北地方(満洲)や内蒙古でたがいの勢力範囲を取り決めた。

● 日本の東アジア進出に危機感をもつ国もあらわれた。(①)で仲介役をつとめた(④)は満洲への進出をねらっていたため、日本との関係が悪化していった。この時期(④)などでは低賃金で労働に当たっていた日本人移民に対する批判が広がって、(⑤)が高まりをみせた。

政治と大衆

● (①)中の(③)では政情が不安定になり、デモをおこなった人々に対して軍隊が発砲する(⑥)がおこり、この事件をきっかけに(⑦)を開設することが約束された。これを(⑧)という。

● 日本では(①)の講和条約に納得できない人々が暴徒化して(⑨)がおき、この事件で信用を失った内閣は総辞職した。

● 元号が大正にかわった頃、(②)併合後の朝鮮統治や中国の(⑩)に対応するため兵力の増強を求めた陸軍と内閣が対立し、内閣が退陣に追い込まれた。

● 野党勢力や(⑪)は新たに組織された内閣が陸軍の影響力が強い内閣であると考え、(⑫)をおこした。新内閣は、これに対して有効な対応策が取ることができず、総辞職に追い込まれた。これを(⑬)という。

● 政治を進める際に、(⑪)という存在を無視できないという認識は、(⑧)、(⑨)、(⑫)などによって(③)や日本国内でも認識されるようになった。

● (⑪)が参政権などの権利を求めておこす運動を(⑭)といい、とくに日本では大正時代にみられたこの風潮を「(⑮)」と呼んだ。

①	
②	
③	
④	
⑤	
⑥	
⑦	
⑧	
⑨	
⑩	
⑪	
⑫	
⑬	
⑭	
⑮	

テーマの問いを考えよう

 テーマの問い 日露戦争後、東アジアに勢力範囲を拡大した日本。その後、日本の政治や外交は、どのように変化していったのだろうか？

地図で確認しよう

問1　日露戦争後の東アジアは、どのような状況だったのだろうか。

　日本は日露戦争後、（❶ ＿＿ ＿＿）を併合して植民地支配を進める一方、ロシアとは歩み寄りをみせ、（❷ ＿＿ ＿＿）・（❸ ＿＿＿＿＿）でのたがいの勢力範囲を取り決めた。このような日本の東アジアへの進出に対し、（❷）への進出をねらっていたアメリカ合衆国をはじめとした列強は、危機感をつのらせた。

日露戦争後の東アジア

問2　日露戦争後の日本国内では、どのようなできごとがおこったのだろうか。

日露戦後の日本国内では、講和条約で賠償金を得られなかったことに納得できない人々が暴徒化した（① ＿＿＿＿＿＿＿＿＿＿＿＿）や、陸軍の後援を受けて成立した内閣に反対する人々や野党勢力が（② ＿＿＿＿＿＿＿＿＿＿）を展開し、内閣を総辞職に追い込む（③ ＿＿＿＿＿＿＿）がおこった。（①）や（②）・（③）の原動力となったのは、参政権をもたない（④ ＿＿＿＿）であり、政治を進めるうえで（④）が無視できない存在であることが認識された。

問1〜2をもとにテーマの問いを考えてみよう。

2 第一次世界大戦

▶教科書 p.74〜75

①〜⑭に入る語句を答えよう。

第一次世界大戦の背景

● (①)半島でスラヴ人の国々がオスマン帝国から独立し、一方
　で、(②)＝ハンガリー帝国も(①)半島へ進出した。

● (②)とドイツは(③)を結んでおり、一方で、スラヴ人の国で
　ある大国(④)が、(①)半島のスラヴ人国家を支援した。

● (①)半島で独立した国々とオスマン帝国の対立から2度の(①)
　戦争がおこり、(①)半島は「(⑤)」と呼ばれた。

第一次世界大戦の勃発

● 1914年、(②)帝位継承者が、サライェヴォで(⑥)人の青年
　に暗殺され、(②)と(⑥)の対立が深まり、(②)は(⑥)に宣戦
　布告した。

● ドイツ、(④)も参戦し、(④)と同盟関係にある(⑦)、イギリ
　スも参戦した。さらにイギリスと同盟関係にあるアジアの
　(⑧)までもが参戦した。

● (②)と(⑥)の2国間の事件が拡大し、多くの国が参戦する大規
　模な第一次世界大戦となった。

総力戦としての第一次世界大戦

● 重化学工業の発展で、大量の兵器が生産されるようになり、毒
　ガスや戦車などの(⑨)も発明され、飛行機や飛行船も戦争で
　用いられるようになった。

● 男性が戦場に動員されると(⑩)も兵器工場などで働くように
　なり、インドなど(⑪)の人々も自治を条件に戦争に参加した。

● 第一次世界大戦は国家全体の力を結集して戦う(⑫)になった。

第一次世界大戦の終結

● 1917年、ドイツが指定航路以外のすべての船舶を無警告で攻
　撃したため、それまで中立国であった(⑬)が参戦した。

● 1918年、ドイツと同盟を結んでいた(②)やオスマン帝国が降
　伏や休戦に追い込まれ、ドイツでも戦争に反対する(⑭)の
　反乱がおこったことをきっかけに皇帝は亡命し、ドイツは降
　伏した。

①	
②	
③	
④	
⑤	
⑥	
⑦	
⑧	
⑨	
⑩	
⑪	
⑫	
⑬	
⑭	

🚩 **テーマの問い**　1つの事件が、大規模かつ長期間におよぶ「大戦」になった。
その経緯は、どのようなものだったのだろうか？

問1　第一次世界大戦のきっかけとなった事件は何だろうか。

問2　第一次世界大戦に多くの国が参戦するようになったのはなぜだろうか。

第一次世界大戦前からの（①＿＿＿＿＿＿＿＿＿）と（②＿＿＿＿＿＿＿＿＿）の対
立などの国際関係があったから。

問3　第一次世界大戦は、なぜ総力戦となったのだろうか。

戦争が（①　**長期化**　／　**局地化**　）し、本国の兵士だけでなく（②＿＿＿＿＿＿　や
＿＿＿＿＿＿＿＿＿）も戦争に協力し、国をあげて（③＿＿＿＿＿＿＿＿＿＿＿＿）
などをおこなったから。

問1～3をもとにテーマの問いを考えてみよう。

地図で確認しよう

問1　以下にあげた国の場所を地
　　図中の❶～❺から選ぼう。

イギリス　（　　　）
フランス　（　　　）
ドイツ　　（　　　）
ロシア　　（　　　）
ベルギー　（　　　）

第一次世界大戦中のヨーロッパ

ドイツやオーストリアによる占領地域　　中立国

3 第一次世界大戦と日本

▶教科書 p.76〜77

①〜⑮に入る語句を答えよう。

日本の参戦

●日本は(①)を口実に第一次世界大戦に参戦し、ドイツに宣戦布告して中国の(②)にあるドイツの根拠地や(③)のドイツ領南洋諸島を占領した。

中国での権益拡大

●第一次世界大戦に参戦した日本は中国(中華民国)の袁世凱政府に(④)をおこなった。これは日本が占領した(②)のドイツ権益の継承や、日露戦争後にロシアから引き継いだ(⑤)の両都市や(⑥)の租借期限の延長を認めさせようとしたものだった。

大戦景気

●第一次世界大戦の長期化により日本はヨーロッパに向けて軍需品を、アジア各地には(⑦)、アメリカには(⑧)を大量に輸出するようになった。日本の貿易は1915年以降、輸出超過に転じて大幅な黒字となり、(⑨)と呼ばれた。

●世界的な船舶の需要の急増で、日本の(⑩)が好況となり、造船量はイギリス・アメリカについで世界第3位にまで達した。

●日本では輸入に頼っていた(⑪)の分野で国産化が進んだ。産業の発展にともなって電力の需要も高まり、猪苗代湖には(⑫)がつくられて電力事業や電力機械工業も発達した。

●日本の(⑬)は低賃金の労働力を求めて、つぎつぎに中国に工場を建設していった。

戦後恐慌

●第一次世界大戦が終結し、ヨーロッパ諸国の復興が進むと、日本の輸出は減少しはじめた。1919年に貿易は輸入超過に転じ、翌20年には不景気が訪れた。これを(⑭)という。

●(⑨)で事業を拡大したものの、長引く不況で倒産に追い込まれる会社があった一方で、資本や労働力を集めた三井・三菱・住友・安田などの(⑮)は多くの産業部門を系列下におき、経済界での支配力を強めていった。

①	
②	
③	
④	
⑤	・
⑥	
⑦	
⑧	
⑨	
⑩	
⑪	
⑫	
⑬	
⑭	
⑮	

テーマの問いを考えよう

テーマの問い：ヨーロッパで始まった第一次世界大戦。
日本には、どのような影響があったのだろうか？

問1　日本はなぜ第一次世界大戦に参戦したのだろうか。教科書76ページの **2** や **3** も参考に考えてみよう。

日本は、表向きには、（① ＿＿ ＿＿ ＿＿ ＿＿）にもとづいてイギリスを助けることを目的に参戦した。しかし実際には、中国の（② ＿＿ ＿＿ ＿＿）にあるドイツの根拠地を占領する目的や、国際的な地位を高める目的があった。これにより、（②）のドイツ権益を継承し、韓国併合（かんこくへいごう）に続いて、大陸（中国）への影響力を強めようとした。

グラフで確認しよう

問2　1910年代の日本の貿易額はどのように変化しているだろうか。

第一次世界大戦中の1915
～18年までは（① **輸出**
／ **輸入** ）超過で貿易は
（② **黒字** ／ **赤字** ）で
あったが、1919年以降は
（③ **輸出** ／ **輸入** ）
超過となって（④ **黒字**
／ **赤字** ）になっている。

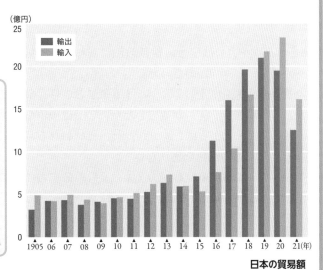

日本の貿易額

問3　なぜ問2のような変化がおこったのだろうか。

第一次世界大戦中は、（① ＿＿ ＿＿ ＿＿ ＿＿ ＿＿）諸国による（② ＿＿ ＿＿ ＿＿）への輸出が後退した一方で、日本は（①）諸国へ軍需品、（②）へ綿織物、（③ ＿＿ ＿＿ ＿＿ ＿＿）へ生糸（きいと）などの輸出をのばした。しかし、第一次世界大戦が終結すると、（①）における軍需品の需要が減ったことに加え、（①）諸国が復興したことにより、再び（②）市場にも（①）製品が輸出され、（②）への輸出も減少したため。

問1〜3をもとにテーマの問いを考えてみよう。

4 ロシア革命とその影響

▶教科書 p.78〜79

①〜⑮に入る語句を答えよう。

社会主義

- 19世紀以降の工業化で、少数の(①)が裕福になる一方で、多くの労働者は貧しさに苦しんだ。
- 労働条件の改善をめざす(②)がおこり、さらに社会の不平等自体を正そうとする社会主義運動がおこった。

ロシア革命

- 1905年、ロシアでは皇帝の独裁政治に対し、憲法制定や民主化を求めて、(③)がおこった。
- 第一次世界大戦中の1917年、二月革命がおこり、皇帝が退位した。これにより(④)が成立したが、(④)は戦争を継続した。
- 労働者・農民・兵士らは(⑤)(評議会)といわれる自治組織に集まり、(④)への反発を繰り返した。
- 社会主義者(⑥)が率いる(⑦)は、十月革命をおこして(④)を倒した。この結果、世界初の社会主義政権であるソヴィエト＝ロシアが成立した。
- 二月革命と十月革命をあわせて(⑧)という。

ソヴィエト社会主義共和国連邦

- (⑥)は「(⑨)」を発表し、即時停戦、無併合、無償金、民族自決にもとづく即時講和を訴え、1918年にドイツと講和した。
- 1918年、(⑦)は(⑩)に名称を変更した。
- 革命や停戦に反対する国内の諸勢力は内戦をおこした。また、社会主義政権の誕生に危機感をいだく欧米諸国や日本は(⑪)をおこない干渉した。(⑥)は「(⑫)」といわれるきびしい社会主義体制を築き、内戦と干渉戦争に勝利した。
- 1922年、国内の各民族に社会主義国家をつくらせ、それを統合するかたちをとり、(⑬)が成立した。

ロシア革命の影響

- 1919年、レーニンは国際共産党組織である(⑭)を組織した。その結果、世界各国で共産党が結成された。また、(⑮)では社会主義国が成立した。

①	
②	
③	
④	
⑤	
⑥	
⑦	
⑧	
⑨	
⑩	
⑪	
⑫	
⑬	
⑭	
⑮	

テーマの問いを考えよう

> 🏳 **テーマの問い** ロシア革命によって、世界初の社会主義政権が誕生した。
> このことは、世界にどのような影響を与えたのだろうか？

問1　レーニンが、即時停戦などを訴えて発表したものは何だろうか。

問2　欧米諸国（おうべいしょこく）や日本は、ロシア革命に対してどのような理由で、どのような行動をおこしたのだろうか。

（①＿＿＿＿＿＿）政権の誕生に危機感をいだいたため、（②＿＿＿＿＿＿＿＿）
をおこなって、ロシアに対する干渉戦争をおこした。

問3　ロシア革命は各国の労働運動や民族運動にどのような影響を与えたのだろうか。

世界各国で労働運動や民族運動と結びついた（①＿＿＿＿）が結成され、インド
ネシアなどの植民地（しょくみんち）では（①）が民族運動を主導した。また、モンゴルのような
（②＿＿＿＿＿＿）の誕生もみられた。

問1～3をもとにテーマの問いを考えてみよう。

地図で確認しよう

問1　右の地図のなかで、ロシア革命後、最初に共産党政権が成立したと考えられる国はどこだろう。

問2　右の地図に関する記述のうち、誤っているものを1つ選ぼう。

　ア　ロシア革命は、ドイツ革命にも影響を与えた。

　イ　日本やフランスなど、植民地をもつ国で共産党が結成されることはなかった。

　ウ　ロシア革命はヨーロッパだけではなくアジアにも影響を与えた。

　エ　インドネシアや中国でも1920年代に共産党が結成されている。

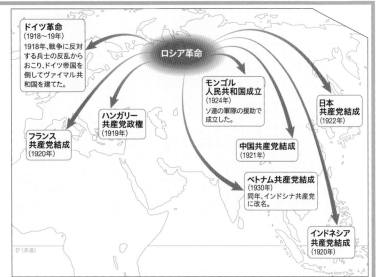

ロシア革命の影響

4　ロシア革命とその影響　　**61**

5 社会運動の広がり

▶教科書 p.80〜81

①〜⑮に入る語句を答えよう。

権利意識の広がり

●第一次世界大戦には多くの人々が動員された。欧米諸国では戦争に協力したことを理由に、政治に参加する権利や労働条件の改善などを求める運動が広がった。イギリスでは1928年に（ ① ）が実現した。

日本における普通選挙の実現

●日本では、第一世界大戦中の1918年におきた（ ② ）をきっかけに、初の本格的な政党内閣である（ ③ ）内閣が成立したが、普通選挙の実現にはいたらなかった。

●1924年に（ ④ ）を中心とする非政党内閣が成立すると、政党を中心に（ ⑤ ）がおこった。その結果、政党の連立による内閣が成立し、25年には（ ⑥ ）が成立した。

日本の社会運動

●日本でも、デモクラシー風潮の高まりやロシア革命・（②）の影響を受けて、労働運動や女性運動などの社会運動が盛んになった。

●第一次世界大戦中、工業化が急速に進むなか、労働者の権利意識は高まり、よりよい労働条件を求める（ ⑦ ）が増加した。1920年にははじめて（ ⑧ ）が開催された。

●農村でも地主から土地を借りて農業を営む（ ⑨ ）の権利意識が高まり、小作料の引下げを求める（ ⑩ ）が頻発するようになった。

●ロシア革命の影響で社会主義者の運動が盛んになり、非合法に（ ⑪ ）が結成された。

●世界的なデモクラシーの風潮や吉野作造がとなえる（ ⑫ ）の影響を受けて、東京帝国大学の学生が（ ⑬ ）を創設するなど学生団体も設立された。

●被差別民は社会的差別をみずから打ち破ろうとする解放運動を展開し、1922年には（ ⑭ ）が結成された。

●女性差別から解放をめざす女性運動も展開され、平塚らいてう（平塚明）らによって（ ⑮ ）が結成された。しかし、女性の参政権が認められたのは第二次世界大戦後であった。

①	
②	
③	
④	
⑤	
⑥	
⑦	
⑧	
⑨	
⑩	
⑪	
⑫	
⑬	
⑭	
⑮	

テーマの問いを考えよう

> **テーマの問い** 第一次世界大戦には、多くの人々が動員された。このことは
> その後の国際社会に、どのような影響を与えたのだろうか？

問1 第一次世界大戦は、国家全体の力を結集して戦う総力戦であった。このことは、欧米諸国にどのような変化をもたらしたのだろうか。

> 戦争に協力したことを理由に、政治に参加する権利である（①＿＿＿＿＿＿）や
> （②＿＿＿＿）条件の改善を求める人々（国民）がふえた。イギリスでは第一次世界大戦中の1918年に30歳以上の女性にも（①）が付与され、28年に男女の（③＿＿＿＿＿＿）が実現した。アメリカでも、1920年に女性の（①）が認められた。

表で確認しよう

問2 右の表からわかることは何だろうか。

> 日本は、大日本帝国憲法が制定された1889年から、一定額の納税が必要な制限選挙であったが、1925年に（①＿＿＿＿＿＿＿）が成立したことで、満25歳以上の（②＿＿＿＿）に選挙権が与えられた。

公布年 （青文字は実施年）	性別	年齢 （～以上）	直接国税 納税額	選挙人数と全人口比の変化
1889（明治22） 1890（明治23）	男	満25歳	15円以上	全人口／選挙人数（人口比） 45万人（1.1%）
1900（明治33） 1902（明治35）	男	満25歳	10円以上	98万人（2.2%）
1919（大正8） 1920（大正9）	男	満25歳	3円以上	307万人（5.5%）
1925（大正14） 1928（昭和3）	男	満25歳	制限なし	1241万人（19.8%）
1945（昭和20） 1946（昭和21）	男女	満20歳	制限なし	3688万人（48.7%）
2015（平成27） 2017（平成29）	男女	満18歳	制限なし	1億609万人（83.7%）

日本の選挙法の変遷

問3 「社会運動」と呼ばれる運動には、どのようなものがあるだろうか。

問1〜3をもとにテーマの問いを考えてみよう。

6 国際協調

▶教科書 p.82〜83

①〜⑭に入る語句を答えよう。

ヴェルサイユ体制

- 第一次世界大戦の戦後処理のため1919年に（ ① ）が開かれた。アメリカ合衆国大統領の（ ② ）は大戦末期に発表した（ ③ ）を実現することを求め、軍備縮小、（ ④ ）、国際的平和機構の設立などが議論された。
- 戦勝国とドイツは（ ⑤ ）を結び、ドイツはすべての海外植民地に加えて国土の一部を失い、軍備も制限された。さらにドイツには非常に高額な賠償金の支払いも課された。
- 1920年、国際平和・安全保障のために（ ⑥ ）が発足したが、自国の議会の反対が強かったアメリカは参加しなかった。
- 敗戦国の植民地は、（ ⑦ ）として、（⑥)が戦勝国に統治を依頼するかたちで統治された。
- ドイツでは(⑤)に反対する人が多かった。また第一次世界大戦後、ドイツでは空前のインフレーションがおこった。

ワシントン体制

- 1921年、アメリカ合衆国大統領ハーディングはアメリカ主導の国際秩序の形成をめざし、（ ⑧ ）を開いた。（⑧)では、（ ⑨ ）の主権を尊重する条約、太平洋諸島における各国勢力の現状維持を決めた条約などが結ばれ、（ ⑩ ）が解消された。
- (⑧)の決定は、（①)によって成立したヴェルサイユ体制とともに第一次世界大戦後の国際秩序を形づくった。

ドイツの復興

- インフレーションを克服したドイツは、（ ⑪ ）の導入をはかり、経済を立て直した。
- 1925年、ドイツはヨーロッパの周辺国と（ ⑫ ）を結び、翌26年、ドイツの(⑥)への加入が認められた。28年にはドイツを含む15カ国(のち63カ国)で（ ⑬ ）が結ばれた。

日本の動向

- (⑥)の常任理事国になった日本は、国際協調を推進し、（⑧)の期間中の交渉により、（ ⑭ ）の権益を中国に返還した。

①	
②	
③	
④	
⑤	
⑥	
⑦	
⑧	
⑨	
⑩	
⑪	
⑫	
⑬	
⑭	

テーマの問い　第一次世界大戦後、新たな国際秩序が形成された。
この国際秩序には、どのような問題があったのだろうか？

問1　ヴェルサイユ条約に対して、ドイツでは反対する人々が多かった。それはなぜだろうか。

ドイツはパリ講和会議への参加も許されず、多額の（① ＿＿ ＿＿ ＿＿ ）を課され、海外植民地のすべてと（② ＿＿ ＿＿ ）の一部を失い、（③ ＿＿ ＿＿ ）も制限されたから。

問2　国際連盟にはどのような問題点があったか考えてみよう。

国際連盟には提唱国の（① ＿＿ ＿＿ ＿＿ ＿＿ ）が参加せず、社会主義政権の（② ＿＿ ＿＿ ＿＿ ＿＿ ＿＿ ＿＿ ＿＿ ＿＿ ）や敗戦国の（③ ＿＿ ＿＿ ＿＿ ）の参加も認められなかった。また、敗戦国の植民地は国際連盟が戦勝国に統治を依頼する（④ ＿＿ ＿＿ ＿＿ ＿＿ ）となったが、民族自決が適用されず、事実上、植民地状態が継続されたといえる。

問1～2をもとにテーマの問いを考えてみよう。

問1　以下にあげた第一次世界大戦後の独立国の場所を地図中の❶～❹から選ぼう。

| チェコスロヴァキア（　　　） |
| ユーゴスラヴィア　（　　　） |
| ハンガリー　　　　（　　　） |
| ポーランド　　　　（　　　） |

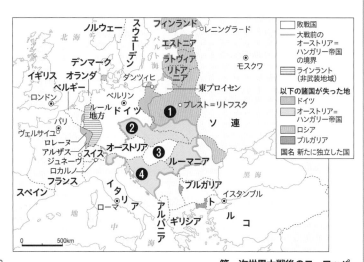

第一次世界大戦後のヨーロッパ

問2　第一次世界大戦後の独立国に関するつぎの記述の空欄に当てはまる語句を選ぼう。

独立国は（① 東 ／ 西 ）ヨーロッパに多い。イギリス・フランスなどの戦勝国は、これらの国を独立させることで（② ソヴィエト＝ロシア ／ アメリカ ／ ドイツ ）を包囲し、また、社会主義政権である（③ ソヴィエト＝ロシア ／ アメリカ ／ ドイツ ）に対抗しようとした。

7 アジアの民族運動

▶教科書 p.84～85

①～⑭に入る語句を答えよう。

西アジア

●第一次世界大戦に敗れたオスマン帝国は、国土の大半を失い、
イギリス・フランスなどによって分割占領されることになった。

●第一次世界大戦後、トルコ人の主権と国土を守ろうとする民族
運動がおき、1923年に（ ① ）を大統領とする（ ② ）が建国さ
れた。（①）は政教分離、ローマ字の採用、（ ③ ）の実現など、
多くの改革をおこなった。

●1922年、（ ④ ）はイギリスから独立したが、スエズ運河はイ
ギリスが支配権をもち続けた。また、イラク・（ ⑤ ）・シリア
は委任統治領として、イギリス・フランスに支配された。

●イギリスは、第一次世界大戦中に（ ⑥ ）とアラブ人の双方に
（⑤）での国家建設を約束したので、大戦後、両者の対立が深ま
った。

南アジア・東南アジア

●第一次世界大戦後、イギリスはインドで、正式な手続きなしで
インド人の逮捕や投獄を認める（ ⑦ ）を定めた。

●インド民族運動の指導者（ ⑧ ）は非暴力・非協力運動を主導し、
運動は全国に広がった。また、第一次世界大戦中に急成長をと
げた（ ⑨ ）たちも民族運動を支えた。

●東南アジアの（ ⑩ ）・ベトナム・ビルマ・フィリピンなどでは、
留学生たちが植民地支配に対し独立運動を展開した。

朝鮮

●朝鮮では1919年3月1日に日本からの独立を求めて（ ⑪ ）がお
こなわれた。これに対し現地の（ ⑫ ）はきびしい弾圧をおこ
なったため、日本は国際的な非難を受けた。

中国

●パリ講和会議の結果を受けて、北京の学生たちは（ ⑬ ）をおこ
ない、運動は全国に広がった。

●中国では（ ⑭ ）が発展し、輸入に頼っていた綿糸をしだいに自
給するようになった。

①	
②	
③	
④	
⑤	
⑥	
⑦	
⑧	
⑨	
⑩	
⑪	
⑫	
⑬	
⑭	

テーマの問いを考えよう

 テーマの問い 第一次世界大戦後、アジアの人々は独立や自治を求めた。
その結果、どのような成果が得られたのだろうか？

問1　第一次世界大戦後の西アジアの状況を確認しよう。

> 1923年、（① ＿＿ ＿＿ ＿＿ ）は独立を達成した。一方、イラク、パレスチナ、シリア
> などは、（② ＿＿ ＿＿ ＿＿ ＿＿ ）としてイギリス、フランスによる統治を受けた。

問2　第一次世界大戦後の南アジア・東南アジアの状況を確認しよう。

> インドでは、ガンディーを中心に独立運動が盛んになり、経済的に急成長をとげた
> （① ＿＿ ＿＿ ＿＿ ＿＿ ＿＿ ）たちがそれを支援した。東南アジアでは、欧米諸
> 国で政治思想・社会主義思想を学んだ（② ＿＿ ＿＿ ＿＿ ）たちが民族運動を主導した。

問3　第一次世界大戦後の朝鮮・中国の状況を確認しよう。

> 朝鮮では、三・一独立運動がおこり、（① ＿＿ ＿＿ ＿＿ ＿＿ ）がきびしい弾圧をお
> こなったため、日本は国際的に非難された。中国は、五・四運動がおこったことを
> きっかけとしてヴェルサイユ条約の調印を拒否した。1921年の（② ＿＿ ＿＿ ＿＿
> ＿＿ ＿＿ ＿＿ ）の期間中におこなわれた交渉では日本が得ていた山東省の権益が中国
> に返還された。また、中国では（③ ＿＿ ＿＿ ＿＿ ）が発達した。

問1〜3をもとにテーマの問いを考えてみよう。

地図で確認しよう

問1　以下にあげた国の場所を、地図中の❶〜❹から選
ぼう。

フィリピン	（　　　）
ビルマ	（　　　）
サウジアラビア	（　　　）
トルコ	（　　　）

問2　地図の®〜©のなかで、イギリスから独立した国
はどこだろうか。国名も答えよう。

記号	国名

第一次世界大戦後のアジア

8 大量生産・大量消費社会

▶教科書 p.86〜87

①〜⑮に入る語句を答えよう。

アメリカ合衆国の繁栄

● 第一次世界大戦中に（ ① ）はイギリスやフランスなどに物資や資金を貸し出したことで大きな利益をあげ、戦後、これまでにない繁栄の時代を迎えた。

● 20世紀初めには（ ② ）によって流れ作業による自動車の大量生産システムがつくられ、自動車の低価格化が実現した。労働者の賃金も上昇し、家電製品の生産や消費も急速に増えた。こうして（①）には（ ③ ）が到来した。

● 大量消費の背景には、新聞やラジオなどの（ ④ ）と広告の発達があった。人々が同じ情報に触れて影響を受けることで生活が画一化され、（ ⑤ ）と呼ばれる人々が増加した。

● （①）の繁栄のなかでは、その恩恵にあずかることができない貧しい人々も少なからずいた。白人たちのあいだには豊かな生活を守ろうという保守的な風潮がみられ、1924年に人種によって移民を制限する（ ⑥ ）がつくられた。

日本における都市の暮らし

● 第一次世界大戦後、工業化が進んだ日本では都市化が進み、人口が増加した。

● 都市周辺には住宅地が広がって交通手段も発達した。大都市の中心には鉄筋コンクリートの建造物が並び、各地に洋室を備えた（ ⑦ ）が建てられた。

● 鉄道のターミナル駅付近には（ ⑧ ）が進出し、都市には事務や営業にたずさわる（ ⑨ ）やバスガールなどの（ ⑩ ）も増えた。

● 1920年には6年間の義務教育の就学率が99％をこえ、中学校・高等学校への進学率が高まった。（ ⑪ ）の数も増えたことで学生の数も大幅に増加し、都市部では知識層が拡大した。

● 日本でも（④）が発達し、年間発行部数が100万部をこえるような（ ⑫ ）もあった。また、大衆雑誌や（ ⑬ ）と呼ばれる安価な本も広く流通した。

● 1925年には東京・大阪・名古屋で（ ⑭ ）が始まり、翌年には（ ⑮ ）が設立された。

● 都会で形成された文化は徐々に地方にも広がった。

①	
②	
③	
④	
⑤	
⑥	
⑦	
⑧	
⑨	
⑩	
⑪	
⑫	
⑬	
⑭	
⑮	

テーマの問いを考えよう

テーマの問い 第一次世界戦後、大量生産・大量消費社会が到来した。
この時代には、どのようなものや文化が広がったのだろうか？

問1　アメリカでは、どのようなものや文化が広がったのだろうか。教科書の本文からあげてみよう。

問2　日本では、どのようなものや文化が広がったのだろうか。教科書の本文からあげてみよう。

問1～2をもとにテーマの問いを考えてみよう。

9 世界恐慌

▶教科書 p.92〜93

①〜⑮に入る語句を答えよう。

世界恐慌の始まり

● 1920年代後半から、アメリカ合衆国（がっしゅうこく）では消費にかげりがみえはじめていた。
● 1929年10月、（ ① ）の株式市場（かぶしきしじょう）で株価が大暴落し、その結果、多くの銀行や企業が倒産した。これは世界中に影響をおよぼし、（ ② ）となった。

各国の経済政策

● アメリカ合衆国大統領フランクリン＝ローズヴェルトは（ ③ ）をおこなった。ローズヴェルトは、外交面では社会主義国の（ ④ ）を承認し、ラテンアメリカと友好的な外交をおこなって市場の拡大をめざした。
● イギリスは、（ ⑤ ）や自治領（じちりょう）との貿易を拡大し、それ以外の国には高い（ ⑥ ）を設ける政策をとった。これを（ ⑦ ）という。これをみて、フランスやアメリカも同様の政策をとった。
● 経済圏をつくるほどの（⑤）をもたないドイツ・イタリア・日本は、新たな（⑤）の獲得をめざした。

慢性的な日本の不況

● 第一次世界大戦後（だいいちじせかいたいせん）、日本は戦後恐慌（せんごきょうこう）などたびかさなる不況（ふきょう）に直面した。さらに1923年、（ ⑧ ）がおこり、日本経済は大打撃を受けた。
● 1927年には、銀行の経営悪化が表面化し、銀行の預金を引き出そうとする（ ⑨ ）がおこり、（ ⑩ ）になった。この結果、大銀行は中小銀行を整理・統合し、大銀行を中核とした財閥（ざいばつ）は多業種を傘下に入れ、（ ⑪ ）として発展した。
● 1929年、（②）の影響で、日本は（ ⑫ ）といわれる状況におちいった。アメリカ向けの（ ⑬ ）の輸出は激減し、さらに都市で失業した人々が故郷の農村に帰ることで、農村にも（ ⑭ ）といわれる深刻な問題をもたらした。
● 日本政府は、意図的に円安をおこし輸出を増加させ、（ ⑮ ）を発行して公共事業や軍事費に資金を投入することで、景気の回復をはかった。

①	
②	
③	
④	
⑤	
⑥	
⑦	
⑧	
⑨	
⑩	
⑪	
⑫	
⑬	
⑭	
⑮	

テーマの問いを考えよう

テーマの問い 1929年、アメリカで恐慌がおこった。その結果、各国では、どのようなことがおこったのだろうか？

問1 アメリカ合衆国やイギリスでは、どのような政策がとられたのだろうか。

> アメリカ合衆国は、政府主導の恐慌対策として（① ＿＿＿＿＿＿＿＿＿＿＿＿＿）をおこなった。イギリスやフランスは貿易において（② ＿＿＿＿＿＿＿＿）をおこなった。

問2 ドイツやイタリア、日本は、どのような行動に向かったのだろうか。

> イギリスやフランスのように経済圏をつくるほど（① ＿＿＿＿）をもっていなかったので、新たな（①）の獲得に向かった。

問3 世界恐慌後の日本は、どのような状況だったのだろうか。

> 世界恐慌の影響で（① ＿＿＿＿）がおこり、アメリカ向けの生糸の輸出が激減したため、農村では（② ＿＿＿＿＿）がおこった。政府の景気回復政策により、1933年には恐慌以前の生産水準に戻った。

問1〜3をもとにテーマの問いを考えてみよう。

グラフで確認しよう

問1 平均して失業率がもっとも低い国はどこだろうか。

問2 世界恐慌後、もっとも失業率が下がった国はどこだろうか。

問3 1939年の失業率がもっとも高い国はどこだろうか。

各国の失業率

10 独裁勢力の台頭

▶教科書 p.94〜95

①〜⑭に入る語句を答えよう。

イタリアのファシズム

●第一次世界大戦後のイタリアやドイツではファシズムと呼ばれ
る、反共産主義・(①)主義を掲げる政治体制が成立した。

●イタリアは大戦後、望んでいた領土を得られず、経済も混乱し
た。このような状況のなか、(②)が率いる(③)が、地主・
軍部・国王など支配層の支持を受けて勢力を拡大し、1922年
に政権を獲得した。

●1935年に、イタリアは(④)に侵攻し併合した。これに対し
て国際連盟は、戦略物資の輸出を停止する(⑤)をおこなっ
たが、それは不十分なものであった。

ドイツのファシズム

●世界恐慌の影響を大きく受けたドイツでは、(⑥)が率いる
(⑦)が、第一次世界大戦後に築かれた体制である(⑧)の打
倒などを掲げて勢力を拡大した。

●首相となり独裁体制を整えた(⑥)は、高速道路建設などの大規
模な(⑨)をおこない、娯楽にも力を入れて国民の支持を集め
た。

●ドイツは、1933年に国際連盟を脱退して再軍備を進め、36年
には第一次世界大戦後に非武装地帯とされていた国境地域に
軍を進駐させるなど、(⑧)に徹底して反発した。

●ドイツは、(⑩)後に国際連盟を脱退して国際社会で孤立して
いた日本、(②)に率いられたイタリアも加えて(⑪)を結んだ。

スターリン支配下のソ連

●ソ連では、1924年のレーニンの死後、(⑫)が実権を掌握した。

●(⑫)は3次にわたる(⑬)をおこない、農業の集団化と重工業
化を進めた。

●(⑫)は多くの反対派を処刑したり、(⑭)に送ったりして、共
産党の一党支配と自身への崇拝にもとづく独裁体制を確立し
た。

①	
②	
③	
④	
⑤	
⑥	
⑦	
⑧	
⑨	
⑩	
⑪	
⑫	
⑬	
⑭	

テーマの問いを考えよう

🚩 **テーマの問い** ドイツではナチ党が政権をとり、ヴェルサイユ体制を破壊していった。なぜナチ党は人々の支持を集めたのだろうか？

問1 ナチ党が第一党となる1932年までのドイツは、どのような状況だったのだろうか。

> ドイツでは、第一次世界大戦の講和条約である(① ＿＿＿＿＿＿＿＿＿＿＿＿＿＿)に不満をもつ人が多かった。(② ＿＿＿＿＿＿＿＿)以降はアメリカが資本を引き揚げたため、失業者が急増するなど、経済的に困窮していた。

問2 ヒトラーは、国民生活の改善をはかった。どのようなことをおこなったのだろうか。

> 自動車生産や高速道路建設など大規模な(① ＿＿＿＿＿＿＿＿)をおこなって、失業者を激減させた。また、映画やスポーツなど大衆の(② ＿＿＿)にも力を入れた。

問3 ヒトラーはヴェルサイユ体制に対して、どのような姿勢をとったのだろうか。

> 1933年、(① ＿＿＿＿＿＿)を脱退して再軍備をおこなった。また、36年には(② ＿＿＿＿＿＿＿)とされていた国境地域に軍を進駐させた。

問1〜3をもとにテーマの問いを考えてみよう。

グラフで確認しよう

問1 右のグラフに関する記述のうち、正しいものを1つ選ぼう。
- ア ナチ党は議席数を増やし続けている。
- イ 共産党は議席数を増やし続けている。
- ウ 中央党は議席数を減らし続けている。
- エ 社会民主党は議席数を減らし続けている。

問2 世界恐慌の前に、もっとも得票率が高かった政党はどこだろうか。

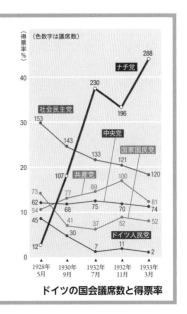

ドイツの国会議席数と得票率

11 日本のアジア侵出

▶教科書 p.96〜97

①〜⑭に入る語句を答えよう。

中国統一の進行と日本

●中国では、袁世凱の死後、各地で軍の実力者による支配がおこなわれていた。一方で、中国国民党を組織した孫文は、1921年に結成された(①)と協力して中国国内の統一をめざした。孫文の死後は(②)が統一事業を引き継いだ。

●中国に南満洲鉄道などの利権をもつ日本は、満洲の実力者である(③)に接近して、満洲の権益を維持・拡大しようとした。

●満洲に駐屯する関東軍のなかには(③)を排除して満洲を自由に支配しようとする動きがあり、1928年に(③)を殺害した。

●(③)が関東軍により殺害されると、(③)の子である(④)は(②)に合流した。これにより、中国国民党による中国統一が実現し、関東軍の思惑は外れた。

満洲事変

●1931年、関東軍の一部は(⑤)郊外の(⑥)で(⑥)事件をおこし、(⑦)が始まった。32年3月、関東軍は清の最後の皇帝を元首にすえて(⑧)を建国させた。

●中国政府は(⑦)を日本の武力侵略であると(⑨)に訴えた。(⑨)により派遣された調査団の報告により、(⑧)の独立は認められず、1933年3月、日本は(⑨)脱退を通告した。

日中戦争の勃発

●日中間の対立は激化し、1937年7月には北京郊外で(⑩)がおこり、その後、宣戦布告がないまま(⑪)に発展した。

●日本は中国の首都(⑫)を占領したが、(②)は重慶に政府を移して戦闘を継続し、(⑪)は長期化していった。

軍部の台頭

●日本国内では昭和恐慌や(⑦)をきっかけに、政党・財閥などを打倒して軍部中心の内閣を樹立しようとする動きがみられた。

●1932年には海軍の青年将校らによる(⑬)がおこり、犬養毅首相が暗殺された。また、36年には陸軍の青年将校により(⑭)がおこり、首相官邸などが襲撃された。

①	
②	
③	
④	
⑤	
⑥	
⑦	
⑧	
⑨	
⑩	
⑪	
⑫	
⑬	
⑭	

テーマの問いを考えよう

> **テーマの問い** 日本では、しだいに軍部が政治の主導権を握るようになった。
> 軍部はどこで、どのような行動をおこしたのだろう？

問1 中国の統一事業は、どのように進んだのだろうか。

> 中国は、袁世凱の死後、軍の実力者が各地に分立して争っている状況であった。中国国民党を組織した孫文は、中国共産党と協力して国内の統一をめざし、孫文の死後は（① ＿＿ ＿＿ ＿＿ ）が中心となって、統一事業を進めた。日本は満洲の軍の実力者である（② ＿＿ ＿＿ ＿＿ ）に接近して日本の権益の維持・拡大をはかったが、（②）を排除して自由にあやつれる政権をつくろうとする（③ ＿＿ ＿＿ ＿＿ ）の一部が、（②）を爆殺した。しかし、（③）のもくろみとは逆に、（②）の子の（④ ＿＿ ＿＿ ＿＿ ）が（①）と合流したことで、満洲を含む中国の統一が実現した。

地図で確認しよう

問2 統一実現後の中国では、どのようなことがおこったのだろうか。

> 1931年には、奉天郊外で（❶ ＿＿ ＿＿ ＿＿ ）事件がおこり、満洲事変が始まった。翌32年には、（❷ ＿＿ ＿＿ ＿＿ ）が建国された。37年には北京で（❸ ＿＿ ＿＿ ＿＿ ）事件がおこり、日中戦争に発展した。

満洲事変関係図

問3 日本では、どのようなことがおこったのだろうか。

> 1932年5月15日には、海軍の青年将校らによって犬養毅首相が暗殺される（① ＿＿ ＿＿ ＿＿ ＿＿ ＿＿ ）がおこった。36年2月26日には、陸軍の青年将校らによって首相官邸などが襲撃される（② ＿＿ ＿＿ ＿＿ ＿＿ ＿＿ ）がおこった。これらは、（③ ＿＿ ＿＿ ）中心の内閣を樹立しようとする動きのなかでおこった事件で、（②）以降、軍備拡大や財政について、（③）が介入するようになっていった。

問1〜3をもとにテーマの問いを考えてみよう。

第二次世界大戦

①～⑮に入る語句を答えよう。

ドイツの領土拡大

● ドイツは、ドイツ民族による統一国家の建設を主張し、1938年に隣国の（ ① ）を併合し、さらにドイツ系住民が多く住む（ ② ）のズデーテン地方を併合しようとした。

● イギリス・フランスは、ドイツに対して（ ③ ）をとって、ドイツがズデーテン地方を併合することを認めた。

● ヒトラーは、（②）を解体し、大部分を支配下におさめ、さらに（ ④ ）を支配するため、1939年8月にソ連と（ ⑤ ）を結んだ。

第二次世界大戦の勃発

● 1939年9月、ドイツの（④）侵攻に対し、イギリス・フランスがドイツへ宣戦布告をおこない、（ ⑥ ）が始まった。

● ドイツは各国へ侵攻し、その優勢をみて、ムッソリーニ率いる（ ⑦ ）も参戦にふみきった。

● ドイツ・（⑦）・日本は日独伊三国防共協定を（ ⑧ ）に発展させ、関係を強化した。

● イギリスは（ ⑨ ）首相のもと、ドイツの空爆に屈せず徹底抗戦を続け、ドイツの本土上陸を防いだ。

戦線の拡大と長期化

● 1941年4月、ソ連はドイツを警戒し、東部の安全を確保するため、日本と（ ⑩ ）を結んだ。

● ドイツは、1941年6月に（⑤）を破って、宣戦布告もせずにソ連に侵攻し、（ ⑪ ）が始まったが、両者に多大な犠牲が発生した。

● ドイツは短期戦に失敗すると、（ ⑫ ）体制をとった。ドイツ人用の食料を占領地から徴発したため、占領地では多くの餓死者が出た。

● ドイツでは、多くの（ ⑬ ）やスラヴ系の人々がアウシュヴィッツに代表される（ ⑭ ）へ送られて殺害された。

● 1941年12月、日本が（ ⑮ ）に宣戦布告すると、ドイツと（⑦）もそれに続いた。

①	
②	
③	
④	
⑤	
⑥	
⑦	
⑧	
⑨	
⑩	
⑪	
⑫	
⑬	
⑭	
⑮	

テーマの問いを考えよう

> **テーマの問い** 2度目の世界大戦が始まった。この戦争は、第一次世界大戦と比べると、どのような特徴をもっていただろうか？

問1 第二次世界大戦はどのようにして始まったのだろうか。第一次世界大戦との相違点に注目して、説明してみよう。

> 第一次世界大戦はサライェヴォ事件をきっかけに、様々な国が参加して始まったが、第二次世界大戦は、ドイツが(① ＿＿ ＿＿ ＿＿ ＿＿)に侵攻したことが原因で始まった。

問2 ソ連は、第二次世界大戦中の国際関係にどのような影響を与えたのだろうか。

> 開戦前、ソ連はドイツに対して(① ＿＿ ＿＿ ＿＿ ＿＿)をとるイギリス・フランスに不信感をもち、1939年8月にドイツと(② ＿＿ ＿＿ ＿＿ ＿＿ ＿＿)を結んだ。開戦後の41年6月に独ソ戦が始まったが、ソ連はドイツの同盟国の日本と同年4月に(③ ＿＿ ＿＿ ＿＿ ＿＿ ＿＿ ＿＿)を結び東部の安全を確保しており、日本とドイツに挟撃されることはなかった。ソ連の外交は、第二次世界大戦の国際関係を複雑にした。

問3 第二次世界大戦では、軍人以外に、どのような人たちが犠牲になったのだろうか。

> ドイツによる食料の徴発で、ドイツの占領地では多数の(① ＿＿ ＿＿ ＿＿)が出た。さらにドイツは、ユダヤ人やスラヴ系の人々を迫害し、(② ＿＿＿＿＿＿＿＿＿＿＿＿＿＿＿)などの強制収容所で殺害した。また、各地で都市への空爆もおこなわれた。このように第二次世界大戦では、軍人のほかにも多くの民間人が犠牲になった。

問1〜3をもとにテーマの問いを考えてみよう。

地図で確認しよう

問1 ドイツやイタリアの支配下におかれた国を1つ選ぼう。

ア　フランス　　イ　イギリス
ウ　スペイン　　エ　スウェーデン

問2 中立国ではない国を1つ選ぼう。

ア　スペイン　　イ　スウェーデン
ウ　ハンガリー　　エ　スイス

第二次世界大戦(ヨーロッパ戦線)

13 第二次世界大戦と日本

▶教科書 p.100〜101

①〜⑭に入る語句を答えよう。

太平洋戦争の勃発

●1941年4月、日本は日ソ中立条約を結んで北部の安全を確保し、（ ① ）などの資源を求めて東南アジアに軍を進駐させた。

●日本の軍事行動を受けて（ ② ）と呼ばれる日本への経済制裁がおこなわれた。これに対し、日本の軍部ではアメリカとの開戦を望む声が高まった。

●1941年12月8日、日本はイギリス領の（ ③ ）に軍を上陸させ、また、ハワイの（ ④ ）を攻撃した。同日、日本はイギリス・アメリカ両国に宣戦布告して（ ⑤ ）が始まった。

日本占領下の東南アジア

●開戦後、日本は約半年間で東南アジアのほぼ全域を占領した。

●日本は欧米諸国の植民地支配からアジアを解放し、「（ ⑥ ）」を建設するという理念を掲げ、占領地の人々に協力を求めた。

●日本は軍事上の必要性を最優先し、資源の搾取や民族の歴史・文化を無視した政策を強要したため、占領地では日本軍に対する反発が高まっていった。

戦局の悪化

●開戦当初は日本に有利に進んだ戦争も、1942年の（ ⑦ ）の敗北を機に形勢が逆転した。アメリカ軍は44年に（ ⑧ ）を陥落させると、そこを拠点に日本本土への（ ⑨ ）を始めた。

戦時の生活

●日本政府や軍部は、国民に対して（ ⑩ ）の統制を強化した。（ ⑪ ）も政府の統制下におかれ、不都合な情報は国民には知らされなかった。

●国内のあらゆる生産能力も（ ⑫ ）目的に転用され、国民の生活必需品は欠乏した。国民には苦しい生活にたえて戦争に協力する姿勢が求められた。

●国内の労働力は不足し、学生や女性は（ ⑬ ）で労働に従事させられた。また、都市部の子どもたちに対しては、（⑨）の危険を避けて地方に避難させる（ ⑭ ）がおこなわれた。

①	
②	
③	
④	
⑤	
⑥	
⑦	
⑧	
⑨	
⑩	
⑪	
⑫	
⑬	
⑭	

テーマの問い　日本も戦争に突入していった。戦時下の人々には、
どのようなことが求められたのだろうか？

問1　日本の東南アジア占領に関する記述のうち、正しいものを2つ選ぼう。

ア　日本は、東南アジアを敵国の植民地として徹底的に攻撃するという目的があった。

イ　日本は、東南アジアを欧米諸国による植民地支配から解放するという目的を掲げた。

ウ　日本は、東南アジアから石油・ゴムなどの資源を調達した。

エ　日本は、東南アジアの文化を尊重し、多文化社会をつくることをめざした。

オ　日本は、東南アジアの人々の生活を優先し、現地の経済の安定をめざした。

・

写真で確認しよう

問2　右の標語はどのような状況下で掲げられたものだろうか。

戦時中の標語

問3　労働力不足のなか、どのような人々が働かされただろうか。

問1〜3をもとにテーマの問いを考えてみよう。

14 第二次世界大戦の終結

①〜⑭に入る語句を答えよう。

イタリア・ドイツの敗戦

● 1941年8月、アメリカ合衆国大統領の（ ① ）とイギリス首相の（ ② ）が大西洋上で会談し、将来の民主主義のための共通原則として大西洋憲章を発表した。以後、アメリカとイギリスは、中国やソ連の指導者たちと繰り返し会談をおこない戦後処理などについて話しあった。

● 1943年2月、アメリカやイギリスの支援を受けたソ連は（ ③ ）での戦いに勝利し、ドイツへの反撃に転じた。

● 1943年9月、（ ④ ）が無条件降伏した。44年6月にはドイツ占領下の北フランスに上陸する（ ⑤ ）が実行され、ドイツは東西から攻められる状態となり、45年5月に無条件降伏した。

日本の敗戦

● 日本では、1945年3月に（ ⑥ ）が大規模な空襲を受けた。全国のおもな都市でも空襲の被害は拡大の一途をたどった。

● 1945年4月、日本の（ ⑦ ）にアメリカ軍が上陸し、住民を巻き込んだ戦闘が6月までおこなわれた。

● ドイツの降伏後、ドイツの（ ⑧ ）で会談が実施され、日本に無条件降伏を呼びかける（⑧）宣言が出されたが、日本は黙殺した。

● アメリカは1945年8月6日に（ ⑨ ）、9日に（ ⑩ ）へ原子爆弾を投下して多くの人々を殺傷した。

● ソ連は1945年2月におこなわれた（ ⑪ ）の決定に従い、8月8日に日ソ中立条約を破って日本に宣戦布告し、満洲や南樺太などへ侵攻した。

● 日本の軍部では戦争継続の主張も強かったが、1945年8月14日には（⑧）宣言の受諾を決定し、15日には天皇がラジオを通して戦争の終結を国民に知らせた。これを（ ⑫ ）という。9月2日には（ ⑬ ）の調印が正式におこなわれ、戦争は終結した。

第二次世界大戦の被害

● 第二次世界大戦は国家間の勢力争いにとどまらず、異なる体制間の対立の結果でもあった。

● 第二次世界大戦では、軍人以外に、（ ⑭ ）も多く犠牲となった。

①	
②	
③	
④	
⑤	
⑥	
⑦	
⑧	
⑨	
⑩	
⑪	
⑫	
⑬	
⑭	

テーマの問い　第二次世界大戦は、世界に深刻な被害をもたらした。
その被害の大きさは、どのようなものだったのだろうか?

問1　第二次世界大戦の被害は、どのようなものだったのだろうか。

第二次世界大戦では戦闘員のみならず、(①＿＿＿＿＿＿)も多く犠牲になり、犠牲
者数は軍人・民間人をあわせると数千万人にのぼるといわれている。

地図で確認しよう

問2　日本への空襲について、どのような被害の特徴があるだろうか。

全国各地に被害が出ているが、とくに(①＿＿＿)・
神奈川・愛知・(②＿＿＿)・兵庫・広島など、
(③＿＿＿＿＿)が大きな被害を受けている。

戦争被害建物数	
■	10万戸以上
■	5〜10万戸
□	1〜5万戸
□	1000〜1万戸
□	1000戸未満
⌘	原子爆弾被災地

広島
長崎
地上戦闘により
10万人以上死傷

0　200km

空襲による日本の被害

表で確認しよう

問3　原子爆弾が投下された広島では、どのくらいの被害が出ただろうか。下の表をもとに考
えよう。

当時の広島市の人口に対し、約(①　10分の1　／
5分の1　／　3分の1　)の死亡者が出た。死
亡者に、生死不明者や重傷者・軽傷者をあわせると、
当時の人口の約(②　10分の1　／　2分の1　／
3分の2　)が被害を受けた。

人数	死亡者	118,661人
	生死不明者	3,677人
	重傷者	30,524人
	軽傷者	48,606人
	当時の人口	320,081人

原爆による被害(広島)

問1〜3をもとにテーマの問いを考えてみよう。

15 戦後国際秩序

▶教科書 p.104〜105

①〜⑭に入る語句を答えよう。

国際連合

● ドイツ降伏後、50カ国が大西洋憲章をもとにした憲章を採択し、1945年10月に(①)が発足した。

● (①)では、より強力な紛争解決の実行力をもつ(②)が組織された。戦勝国である5大国が(②)の常任理事国となり、(③)をもったため、(①)自体が5大国に主導される構造ができた。

ブレトン＝ウッズ体制

● 世界恐慌以降の国際貿易の縮小が第二次世界大戦の一因であったことの反省から、大戦中の1944年にアメリカの(④)で戦後の国際経済体制についての会議が開かれた。

● 会議の結果、ドルと金の為替相場が固定され、ドルと各国の通貨の為替相場が固定された。この仕組みを維持・運用するために(⑤)(IMF)が組織された。

● 戦後復興と経済援助のために(⑥)(IBRD)が組織された。

● 自由貿易の推進のため、関税及び貿易に関する一般協定((⑦))が組織された。

● (⑤)・(⑥)・(⑦)などの組織を軸とする経済体制を(④)体制といい、戦後の世界経済の発展がめざされた。

戦後処理

● ドイツとオーストリアは、アメリカ・イギリス・フランス・ソ連に分割統治された。ドイツの首都(⑧)も4国によって分割統治された。

● 日本は事実上、アメリカが単独で占領し、朝鮮は北緯(⑨)線を境に、北をソ連、南をアメリカが占領した。

● 第二次世界大戦前、ドイツに占領されていた(⑩)の国々は、ソ連の影響を受けるようになった。

● 敗戦国では、戦勝国の占領下で非軍事化・(⑪)がおこなわれた。また、戦争指導者の戦争責任が、(⑫)において裁かれた。

● 戦争の被害は戦勝国でも大きく、国民生活の安定のため(⑬)政策が重視されるようになった。とくにイギリスは、労働党政権のもと、「(⑭)」をスローガンに社会保障制度を発展させた。

①	
②	
③	
④	
⑤	
⑥	
⑦	
⑧	
⑨	
⑩	
⑪	
⑫	
⑬	
⑭	

テーマの問いを考えよう

テーマの問い 第二次世界大戦は、かつてない犠牲を生んだ。戦争を繰り返さないよう、人々はどのような体制をつくったのだろうか?

問1 国際連盟(こくさいれんめい)の反省から生まれた国際連合(こくさいれんごう)の特色は、どのようなものだったのだろうか。

強力な紛争解決の実行力をもつ(① ＿＿＿＿＿＿＿＿)が組織され、戦勝国である(② ＿＿＿＿＿＿＿・＿＿＿＿＿・＿＿＿＿・＿＿＿＿＿)の5大国が常任理事国として拒否権をもった。

問2 第二次世界大戦後、世界経済を発展させるためにつくられた経済体制はどのようなものだったのだろうか。

国際通貨基金(こくさいつうかききん)(IMF)、国際復興開発銀行(こくさいふっこうかいはつぎんこう)(IBRD)、関税及び貿易に関する一般協定(GATT)など国境をこえた組織や協定がつくられ、アメリカを中心とする国際的な経済体制である(① ＿＿＿＿＿＿＿＿＿)が構築された。

問3 敗戦国に対しては、どのような対応がとられたのだろうか。

敗戦国は戦勝国に占領され、その占領下で(① ＿＿＿＿＿・＿＿＿＿)が進められた。また軍事裁判がおこなわれ、戦争指導者の(② ＿＿＿＿＿)が裁かれた。こうして敗戦国が再び戦争をおこさないような占領政策がとられた。

問1〜3をもとにテーマの問いを考えてみよう。

表で確認しよう

問1 右の表の期間中、もっとも拒否権を行使した国はどこだろうか。

問2 1966年以降、もっとも拒否権を行使した国はどこだろうか。

年	米	ソ(ロ)	英	仏	中	計
1946〜55	0	80	0	2	1	83
1956〜65	0	26	3	2	0	31
1966〜75	12	7	10	2	2	33
1976〜85	34	6	11	9	0	60
1986〜95	24	2	8	3	0	37
1996〜2005	10	1	0	0	2	13
2006〜08	2	2	0	0	2	6
合計	82	124	32	18	7	263

拒否権の行使回数

16 冷戦の始まり

①〜⑮に入る語句を答えよう。

冷戦前のヨーロッパ

● 第二次世界大戦後、西ヨーロッパの資本主義諸国では社会主義への共感が生まれ、議会を通じて社会主義政策を実現しようとする(①)の動きが活発になった。

● イギリスでは(②)が政権をとり、フランスやイタリアでは共産党が支持を集めた。

冷戦の開始

● ソ連の勢力圏が東ヨーロッパに拡大することに脅威を感じたアメリカ合衆国大統領(③)は、1947年、ソ連の拡大を封じ込める宣言である(③)＝ドクトリンを発表した。

● 1948年、アメリカは全ヨーロッパに経済援助をおこなう(④)を発表したが、ソ連の資本主義国への不信感は強まった。

● 1947年、ソ連は(⑤)(共産党情報局)を結成し、各国共産党との連携を強め、49年には、東ヨーロッパの国々と経済相互援助会議((⑥))を結成し、経済連携を強めた。

● ドイツのベルリンでは1948年、アメリカ・イギリス・フランスが占領地域を統合して新国家をつくろうとするとソ連が反発し、ベルリンの3カ国占領地域を(⑦)して交通を遮断した。

● 1949年、ソ連によるベルリンの(⑦)は解除されたが、ドイツは、ドイツ連邦共和国((⑧))とドイツ民主共和国(東ドイツ)の東西にわかれて独立することになった。

● 1949年、アメリカと西ヨーロッパ諸国を中心に北大西洋条約機構((⑨))が、55年にはソ連を中心に(⑩)が結成された。こうして米ソを中心に「(⑪)」と呼ばれる対立構造がつくられた。

アジアにおける冷戦

● 中国では国民党と共産党が激しい内戦を繰り広げ、1949年、共産党が勝利して(⑫)を建国した。

● アメリカとソ連に分割占領されていた朝鮮半島では、1948年、南に(⑬)、北に(⑭)が成立した。しかし、その後も両者の対立は続き、50年に(⑮)がおこった。

①	
②	
③	
④	
⑤	
⑥	
⑦	
⑧	
⑨	
⑩	
⑪	
⑫	
⑬	
⑭	
⑮	

テーマの問いを考えよう

🏳 テーマの問い　第二次世界大戦後は、資本主義国と社会主義国が対立する
時代となった。なぜ、この対立が生じたのだろうか？

問1　西ヨーロッパ諸国やアメリカ合衆国が、ソ連に脅威を感じたのはなぜだろうか。

社会主義国家ソ連が、第二次世界大戦中にドイツから解放した（①　**東**　／　**西**　）ヨ
ーロッパ諸国などで（②　**共産党**　／　**共和党**　）の勢力圏を広げていると感じたから。

問2　ソ連に脅威を感じたアメリカはどのような行動に出たのだろうか。

アメリカ大統領トルーマンは、1947年にソ連の拡大を封じ込める（①　＿＿＿＿
＿＿＿＿＿＿＿＿）を宣言し、社会主義圏の拡大を防ぐため、ソ連や
東ヨーロッパを含む全ヨーロッパに（②　**軍事援助**　／　**経済援助**　）をおこなう、
マーシャル＝プランを発表した。その後、49年にはアメリカと西ヨーロッパ諸国を
中心に軍事同盟である（③　＿＿＿＿＿＿＿＿＿＿）（NATO）が結成された。

問3　アメリカの封じ込め政策に対して、ソ連はどのような行動に出たのだろうか。

ソ連は1947年に、（①　＿＿＿＿＿＿＿＿＿）（共産党情報局）を結成し、各国
の（②　＿＿＿＿）との連携を強めた。また、49年には東ヨーロッパの国々と
（③　＿＿＿＿＿＿＿＿＿＿）（COMECON）を結成して経済連携を進めた。
その後、55年にはソ連と東ヨーロッパ諸国の軍事同盟である（④　＿＿＿＿＿
＿＿＿＿＿）が結成された。

問1〜3をもとにテーマの問いを考えてみよう。

写真で確認しよう

問1　右の写真に関する記述のうち、正しいものを1つ選ぼう。
　ア　西ベルリンの人々が爆撃機に降伏の白いハンカチを振っている。
　イ　西ベルリンの人々が生活物資を運ぶ飛行機に歓迎のハンカチを
　　　振っている。
　ウ　東ベルリンの人々が爆撃機に降伏の白いハンカチを振っている。
　エ　東ベルリンの人々が生活物資を運ぶ飛行機に歓迎のハンカチを
　　　振っている。

17 日本の戦後改革と日本国憲法

▶教科書 p.108〜109

①〜⑯に入る語句を答えよう。

GHQによる日本占領

● ポツダム宣言を受諾した日本には、アメリカ人の(①)が連合国軍最高司令官として来日し、連合国軍最高司令官総司令部（GHQ／SCAP）が日本政府を通じて占領政策をおこなう(②)をとった。

● GHQのもとで、日本が再びアメリカの脅威にならないように、(③)と(④)が進められた。

民主化の推進

● GHQは女性の参政権付与・労働組合結成奨励・教育の自由主義化・圧政的諸制度の廃止・経済の民主化の(⑤)を発した。

● 戦争指導者を裁くために(⑥)が開かれ、政界や財界などでは(⑦)がおこなわれた。

● 衆議院選挙法が改正されて、満(⑧)に選挙権が与えられ、1946年におこなわれた戦後最初の選挙では(⑨)人の女性議員が誕生した。

● (⑩)が制定されて労働者が保護された。教育では、教育の機会均等や男女共学の原則を規定した(⑪)などが制定された。

● 経済分野では、財閥の解体がおこなわれ、経済界の独占がおきないように(⑫)も制定された。

● 農業では、(⑬)がおこなわれ、小作地が減少し、自作地が大半を占めるようになった。

日本国憲法の制定

● 日本政府が用意した草案は天皇に強い権限が残されていたためGHQに却下された。その後、GHQの改正案をもとに審議をおこない、1946年(⑭)に日本国憲法が公布され、47年(⑮)に施行された。

● 日本国憲法では、国民主権・基本的人権の尊重・(⑯)の三原則が掲げられ、象徴天皇制が採用された。また、憲法第9条には、戦争の放棄・戦力の不保持・交戦権の否認が明記された。

● 日本国憲法にもとづいて様々な法律が制定・改正された。

①	
②	
③	
④	
⑤	
⑥	
⑦	
⑧	
⑨	
⑩	
⑪	
⑫	
⑬	
⑭	月　　　日
⑮	月　　　日
⑯	

テーマの問いを考えよう

> **テーマの問い** GHQのもとで様々な改革が進められた。戦後の日本は
> どのような国にかわることを求められたのだろうか？

問1　1945年9月6日にアメリカが発表した以下のような日本の占領方針（意訳してある）について、教科書も参考にして空欄に入る語句を考えてみよう。

> ・日本が再びアメリカの脅威、世界の平和・安全の脅威とならないようにする。
> ・……アメリカは、日本政府が封建制を改め、（①　＿＿＿＿＿）を重視した自治の原則に合致することを希望するが、……
> ・日本は完全に軍隊を解体して（②　＿＿＿）化すべきである。……

問2　GHQが日本政府に指示した五大改革とは、何だろうか。

> （①　＿＿＿＿＿＿＿）の付与・労働組合結成の奨励・（②　＿＿）の自由主義化・圧政的な諸制度の廃止・（③　＿＿）の民主化、の5つの改革。

表で確認しよう

	大日本帝国憲法		日本国憲法
	天皇主権	主権	国民主権
	天皇に統帥権、兵役の義務	戦争・軍隊	永久平和主義（戦争の放棄、戦力の不保持、交戦権の否認）
大日本帝国憲法と日本国憲法の比較	「臣民」としての権利、法律により制限可能	国民の権利	基本的人権は永久不可侵の権利

問3　上の表から読み取れる、日本国憲法の三原則は何だろうか。

問1～3をもとにテーマの問いを考えてみよう。

18 日本の独立

▶教科書 p.110〜111

①〜⑭に入る語句を答えよう。

占領政策の転換

● 中国の内戦で（ ① ）勢力が優位に立つと、アメリカ合衆国は対日占領政策を転換し、日本の（ ② ）と（ ③ ）を優先するようになった。1948年、アメリカ陸軍長官ロイヤルは、日本に資本主義国の一員として、アメリカに協力することを求めた。

● 経済復興に向けてアメリカの指導のもと、均衡予算と1ドル＝（ ④ ）円の単一為替レートが設定された。これにより敗戦直後からのインフレーションの抑制がはかられた。また、（ ⑤ ）が採用されるなど税制改革も進められた。

朝鮮戦争と日本

● 1950年に朝鮮の統一をめざす北朝鮮が韓国に侵入し、（ ⑥ ）が始まった。一時は北朝鮮が韓国の首都ソウルを占領したが、アメリカ軍が日本を前線基地にして韓国を支援したため、形勢は逆転した。一方、北朝鮮は中国の支援を受けた。

● 北緯38度付近で韓国・北朝鮮両軍は膠着状態となり、1953年に（ ⑦ ）で休戦協定が結ばれた。

● 日本では、(⑥)によりアメリカ軍が出撃し、軍事力が手薄になることを理由に、GHQの指示で（ ⑧ ）が新設された。また、アメリカからの軍需品の需要が高まって経済は活気づいた。これを（ ⑨ ）という。

サンフランシスコ平和条約

● 冷戦対立が進むなか、1951年9月、日本と48カ国とのあいだで（ ⑩ ）が調印された。(⑩)は翌年発効し、日本は独立した。

● 日本は独立国となったが、（ ⑪ ）や小笠原諸島は引き続きアメリカの占領下におかれ、(⑩)に調印していないソ連とのあいだには領土問題が未解決なものとして残った。

● 日本とアメリカは(⑩)と同時に（ ⑫ ）も締結した。これにより、アメリカ軍が日本の独立後も日本国内に駐留することになった。

● 日本は1954年にアメリカと（ ⑬ ）を結び、これを受け、(⑧)から組織改編されていた保安隊と警備隊が統合されて、（ ⑭ ）が発足した。

①	
②	
③	
④	
⑤	
⑥	
⑦	
⑧	
⑨	
⑩	
⑪	
⑫	
⑬	
⑭	

テーマの問い　サンフランシスコ平和条約に調印し、独立を回復した日本。
独立後には、どのような課題が残されたのだろうか？

資料で確認しよう

問1　ロイヤルの演説から読み取れる、アメリカが日本に期待した役割とはどのような役割だっただろうか。

私たちの政策の目的は、日本が再び世界の平和と安全に対する脅威とならないようにし、……平和的で民主的な政府の設立を早急に成し遂げることであった。根底にある考えは、日本による侵略の防止であった。……
アメリカは、日本に十分強く安定し自立した民主主義を樹立すると同時に、日本を将来、極東に生じうるかもしれない全体主義の脅威を抑止するものとする、という明確な目的を有している。

ロイヤルの演説

地図で確認しよう

問2　第二次世界大戦後、アメリカの占領下となった❶〜❸の地域を答えよう。

❶：

❷：

❸：

問3　❹は、現在まで領土問題が続く、北方領土であるが、これは日本とどこの国とのあいだの問題だろうか。

太平洋戦争前の日本領
サンフランシスコ平和条約による日本の領域
その後の日本復帰地域
数字　日本への返還の年

サンフランシスコ平和条約による日本の領土

問4　日本の独立後も米軍が国内に駐留することを示した条約は何というだろうか。また、この条約は現代にどのような課題を残すことになったのだろうか。

条約名：	課題：

問1〜4をもとにテーマの問いを考えてみよう。

いまの私たちにつながる課題 　　統合・分化

1つの民族＝1つの国家？

▶教科書 p.112〜113

Q1 西アジアでは、「民族自決」は成功したといえるだろうか？

Q2 クルド人について、つぎの文章(教科書p.113)の空欄（　A　）に当てはまる語を考えてみよう。

Q3 現在のクルド人について調べてみよう。

いまの私たちにつながる課題　　平等・格差

歴史のなかで女性は？

▶教科書 p.114〜115

Q1 ❶（人権宣言）は1789年にフランス革命で出された「人権宣言」である。また、❷（女性および女性市民の権利の宣言）はその2年後にフランスで出された「女性の権利宣言」と呼ばれるものである。2つを比較（ひかく）して、違（ちが）いを読み取ってみよう。

Q2 ❸（ルソーの女性観）、❹（ナポレオン法典）はこの時代における女性観を如実（にょじつ）にあらわしたものである。これらをふまえて、❷の「女性の権利宣言」が出された理由を考えてみよう。

Q3 ❺（働く女性）は第一次世界大戦（だいいちじ せ かいたいせん）中のヨーロッパでとられた写真である。写る女性がどのような作業をしているかを読み取ったうえで、なぜそのような役目を負っているかについて述べた右の文章（教科書p.115）の空欄（くうらん）（　A　）から（　C　）に当てはまる語を考えてみよう。

A	B	C

Q4 第一次世界大戦が1914〜18年の戦争であったことを考えると、戦後、女性の権利はどのように変化したといえるだろうか？　❻（各国の女性参政権の獲得年）、❼（参政権の男女平等を求める女性たち）を参考にして考えてみよう。

第二次世界大戦後には、ほとんどの国で女性参政権が実現した。女性は男性と同等の権利を得たが、現実にはどうだろうか。8 （女性国会議員の比率）、9 （2020年版男女平等ランキング）を参考に現代社会の「社会的性差（ジェンダー）」による問題点について考えてみよう。

第3部
グローバル化と私たち

ベルリンの壁の上に集まる人々

冷戦と国際関係

▶教科書 p.118

冷戦と核兵器

 冷戦期におけるアメリカとソ連の関係は、緊張が高まる時期と、和解ムードが生まれた時期が繰り返されたといわれますね。

和解ムードが生まれると、■ (ソ連の移動式中距離核ミサイル) のような核兵器の数は減るのでしょうか？

 そうとも言い切れません。どちらもつくった核兵器を手放そうとはしないようです。一方で財政的な負担が軍縮(ぐんしゅく)の動機になる場合もありました。また、アメリカとソ連の指導者はたがいの核戦力をある程度均衡(きんこう)にしていた方が安全だと考えていたようですから、様々な理由が重なって微調整・軍備管理のような性格の核軍縮交渉もありました。

核兵器にはたくさんのお金がかかりそうですね。

 アメリカとソ連がともに核兵器を大量にもっていたから、実際に核戦争がおこることはなかったという考え方があります。

■ (冷戦の展開) と ■ (核兵器の保有量) から、①核軍備が拡張していった時期、②様々な理由で核軍備の微調整がおこなわれた時期、③冷戦の対立構造がかわり軍縮が大きく前進した時期をさがしてみましょう。

このページで気づいたこと、もっと知りたいと思ったことを疑問のかたちでまとめてみよう。

人と資本の移動

▶教科書 p.119

（ A ）〜（ C ）に当てはまる数字や言葉は何だろう？

人の移動

グローバル化の特徴として、働く人々の国際化・無国籍化が進むことがあげられます。
とくにコンピュータの技術者には、この傾向が強いといえそうです。

インドには優秀な技術者が多く、彼らはたくさんの国で
必要とされていると聞いたことがあります。

東京23区には、多くのインド人が住んでいます。若い技術者には、日本に長く
住んで活躍したいと考える人も増えているようです。 **1** （東京23区のインド人の男女年
齢構成の変化）をみると、インド人の定住志向が読み取れます。

（A: ＿＿＿＿＿＿ ）歳や（B: ＿＿＿＿＿＿ ）歳の人の増加が
目立ちますね。 **2** （2018年に改正された入国管理法で新たに導入された外国人の在留
資格）もあわせて考えると、日本社会の変化がみえてきます。

資本の移動

3 （東海道新幹線の開通式）は、1964年に開通した東海道新幹線です。

新幹線を開通させるとは、当時、日本の技術力は高く、経済的にも豊かだったのですね。

実は、東海道新幹線をつくるとき、日本は自国だけでは資金をすべては用意できませんで
した。そこで国際連合の専門機関（C: ＿＿＿＿＿＿＿ ）から資金援助を受けました。

（ C ）は、第二次世界大戦後の世界の経済復興支援と、
発展途上国への融資のために創設されたのでしたね。

その通り。（ C ）の正式名称は「国際復興開発銀行」です。日本は戦後復興
から高度経済成長期にかけて、合計31件のプロジェクトで、この機関から総額
約8億6300万ドルの資金を借り、全額の返済を終えたのは1990年です。
今では日本は出資する側となっています。

このページで気づいたこと、もっと知りたいと思ったことを疑問のかたちでまとめてみよう。

高度情報通信

▶教科書 p.120

（ A ）〜（ E ）に当てはまる言葉は何だろう？

情報通信技術の発達

1 （通信機器の発達）の多くは、今の私たちも利用していますね。

これらのなかで（A: ＿＿＿＿＿＿＿＿＿＿＿＿＿＿＿＿ ）は
1対1のやりとりで使うものですが、（B: ＿＿＿＿＿＿＿＿＿ ）は一
度に多くの人々に情報を伝えることができます。

（C: ＿＿＿＿＿＿＿＿＿＿＿ ）が登場するまでは、一般の人々が世界に情報
を発信することは難しいことでした。
（ C ）はとても画期的でしたね。

しかし、（ C ）は便利な一方で、新たな問題も生み出しました。

インターネットで結ばれる世界

世界のインターネット利用者は、1997年から2014年にかけて約30倍になっていますね。

インターネット普及率が高い国は（D: ＿＿＿＿＿＿＿＿＿＿＿＿＿＿＿＿＿ ）に
多く、低い国は（E: ＿＿＿＿＿＿＿＿＿＿＿＿ ）に多いですね。なぜでしょう？

このページで気づいたこと、もっと知りたいと思ったことを疑問のかたちでまとめてみよう。

グローバル化への問い④ 食料と人口

▶教科書 p.121

人口の増加と食料危機

■1 (世界の人口の推移) は世界の人口が、どのように推移したか、また今後どうなっていくかを予測したグラフです。世界の人口が10億人をこえたのは1800年を過ぎた頃でしたが、1960年に30億人をこえたあと、40億人になったのは1974年で、わずか14年で10億人も増えています。世界の人口は、爆発的な増加の途上にあります。

世界の人口が、1800年頃から急激に増え出したのはなぜでしょう？

■2 (ハンガーマップ) をみると、世界では多くの人々が飢えに苦しんでいることがわかります。世界の人口が予測通りに増えていくと、どうなるでしょうか。

■3 (肉1キログラムをつくるのに必要な穀物量) や■4 (WEBニッポン消費者新聞の記事) から、私たちに何ができるか考えましょう。

このページで気づいたこと、もっと知りたいと思ったことを疑問のかたちでまとめてみよう。

資源・エネルギーと地球環境

▶教科書 p.122

（　A　）に当てはまる選択肢は何だろう？

ヨーロッパと酸性雨

ヨーロッパの状況をみると、酸性雨の原因物質をたくさん排出していた国と、酸性雨の被害が大きかった国は（A：　完全に一致しています　／　完全には一致していません　）。

1995年から2015年にかけて、エネルギーの消費量はあまりかわっていませんが、硫黄酸化物の排出量を大きく減らした国があるのは興味深いですね。

酸性雨の問題がおきているのは、ヨーロッパだけなのでしょうか？

このページで気づいたこと、もっと知りたいと思ったことを疑問のかたちでまとめてみよう。

感染症

▶教科書 p.123

（ A ）に当てはまる選択肢は何だろう？

感染症の広がり

 感染症は発生した地域にとどまらず、全世界に広がることもあるのですね。

 20世紀前半のスペイン風邪と21世紀初頭のSARSを比べると、SARSの方が広がる
速度が（A：　速い　／　遅い　）ことがわかります。なぜでしょう？

 この100年余りのあいだで、人の移動や交通手段はどのように変化したのでしょうか？

このページで気づいたこと、もっと知りたいと思ったことを疑問のかたちでまとめてみよう。

パレスチナ

西アジアのパレスチナでは、現在もユダヤ人とパレスチナ人（アラブ人）が対立しています。ユダヤ人が建国したイスラエルは過去の戦争で勝利を重ね、1947年に国際連合が定めた地域よりもかなり大きな領土をもつにいたっています。

パレスチナ人のなかには、故郷を追われ難民となった人がたくさんいます。パレスチナ人に残された2つの地域（ヨルダン川西岸地区とガザ地区）も長くイスラエル軍の占領下にありましたが、1993年のパレスチナ暫定自治協定により、ようやく両者が歩み寄り、ヨルダン川西岸とガザ地区にパレスチナ自治区が成立しました。

しかし、イスラエルによってヨルダン川西岸地区に一方的に入植地が建設されたり、パレスチナ側からイスラエルへのテロ行為があったり、それに対するイスラエル軍の報復でパレスチナの民間人が死傷したりと、負の連鎖が今も続いています。

4（イスラエルとパレスチナの和解をめざすNPO法人の活動）のように、ユダヤ人とパレスチナ人の和解をめざす試みを続ける団体があります。たとえば、イスラエルとパレスチナの若者を日本にまねいて交流してもらう活動をおこなっている団体などです。こうした活動のもつ意義について、考えてみましょう。

カナダのケベック州

5（カナダのケベックにあるフランス語の標識）と**6**（カナダ外務省のビルの表示）はカナダでとられた写真です。

5にはフランス語が、**6**にはフランス語と英語が書かれています。

カナダはイギリスの植民地だった時期が長く、英語圏に属するのですよね。なぜ、フランス語の標識があるのでしょう？

7（アブラハム平原の戦い）は、1759年にカナダのケベックという都市の近くで、イギリスがフランスを破った戦いの様子を描いたものです。

イギリスとフランスが、カナダを植民地にしようと争っていたのですね。

当時は、フランス人も多く生活しており、ケベックを含むカナダ北部は「新しいフランス」という意味の「ヌーヴェル＝フランス」と呼ばれていました。

そこが、**7**のあと、イギリスの植民地になったのですね。

そこにはすでに多くのフランス人が住んでいたので、イギリスはフランス語をもう1つの公用語として認めました。その後、カナダはイギリスの自治領（じちりょう）となりましたが、1960年代には、**8**（カナダの国旗の変遷）のようにイギリスの国旗が入った国旗を変更しました。1982年にイギリスからの完全独立を達成したカナダは、法的な基盤にもとづいて多文化主義を追求し、先住民族やアジア系の人々との共存もめざしています。

このページで気づいたこと、もっと知りたいと思ったことを疑問のかたちでまとめてみよう。

1 第三世界の登場

▶教科書 p.126〜127

①〜⑫に入る語句を答えよう。

アジア諸国の独立

●イギリスの植民地であった（ ① ）ではイギリスからの独立を求める声が高まり、1947年にヒンドゥー教徒の多い（①）とイスラーム教徒の多いパキスタンにわかれて独立した。

●フランスの植民地であったベトナムでは、1945年に共産党の（ ② ）を首相とするベトナム民主共和国が独立を宣言した。フランスはこれを認めず、ベトナム南部に別の政府を立てた。両者の対立は（ ③ ）に発展した。54年に（ ④ ）が結ばれたが、以後、ベトナムには南北２つの国が併存することになった。

●オランダの植民地であったインドネシアでは、1949年に（ ⑤ ）を大統領とするインドネシア共和国が成立した。

イスラエルとパレスチナ戦争

●イギリスの委任統治領であったパレスチナでは、ユダヤ人とアラブ人の対立が続いていた。ユダヤ人は国際連合の提案を受け入れ、1948年に（ ⑥ ）を建国した。

●（⑥）の建国にアラブ諸国が反発し、パレスチナ戦争（第１次中東戦争）が始まった。

●パレスチナ戦争の結果、多くのアラブ人（パレスチナ人）が追放され、（ ⑦ ）となった。

アジア・アフリカ諸国の連帯

●第二次世界大戦後、平和の実現や地域の自立的な発展をめざして連帯したアジア・アフリカ諸国は、（ ⑧ ）と呼ばれた。

●1954年、中華人民共和国の周恩来とインドの（ ⑨ ）が会談し、平和五原則が発表された。平和五原則とは、領土保全と主権の尊重、不侵略、内政不干渉、平等と互恵、（ ⑩ ）を指す。

●1955年、インドネシアで（ ⑪ ）が開催され、アジア・アフリカ諸国の連帯を世界に印象づけた。

●（⑪）では米ソ両陣営のどちらにも属さない（ ⑫ ）主義が主張された。

●1961年、ユーゴスラヴィアで（⑫）諸国首脳会議が開催され、（⑩）や反植民地主義が主張された。

①	
②	
③	
④	
⑤	
⑥	
⑦	
⑧	
⑨	
⑩	
⑪	
⑫	

テーマの問いを考えよう

> **テーマの問い** 第二次世界大戦後の世界では、アジア・アフリカ諸国が連帯する
> 動きがみられた。その理由は何だろうか?

問1 第二次世界大戦前、ヨーロッパ諸国にとってアジア・アフ
リカ諸国の大部分はどのような存在であったのだろうか。

問2 インドシナ戦争の背景には何があったのだろうか。

> ベトナムを植民地としていた(① ＿＿＿＿＿＿)が、ベトナム民主共和国の独立を認
> めず、ベトナムに(② ＿＿＿＿＿)してベトナム南部に別の政府をつくったこと。

問3 冷戦のなか、朝鮮戦争のような地域紛争がおきたのはなぜだろうか。

> (① ＿＿＿＿＿)と(② ＿＿)の双方が、より多くの国を自陣営に引き込もう
> としたため。

問1〜3をもとにテーマの問いを考えてみよう。

地図で確認しよう

第二次世界大戦後のアジア

ベオグラード
1961年 ユーゴスラヴィアで
第1回非同盟諸国首脳会議

ソ連

キプロス 1960
トルコ
ヨルダン 1946
レバノン
シリア 1946
❹ 1948
イラク
クウェート 1961
エジプト
サウジアラビア
イエメン 1990
アラブ
首長国連邦 1971
オマーン 1971
イラン
バーレーン 1971
カタール 1971
アフガニスタン
パキスタン 1947
モルディヴ 1965
セイロン 1948
→スリランカ 1972

カシミール
❸ 1947
チベット
ネパール
ブータン

1954年 ネルー・周恩来会談
→平和五原則

モンゴル人民共和国
→モンゴル国 1992

中華人民共和国

朝鮮民主主義
人民共和国 1948

日本
太平洋

大韓民国 1948

台湾
沖縄

ラオス 1953
ビルマ 1948
→ミャンマー 1989
タイ
カンボジア 1953
パキスタン 1947
→バングラデシュ 1971
マレーシア 1963
ブルネイ 1984
フィリピン 1946
❷ 1976
シンガポール
1965年マレーシアから分離独立
❶ 1945
東ティモール 2002
バンドン

インド洋
0°(赤道)

1955年 アジア＝アフリカ会議

凡例:
第二次世界大戦後の独立国
数字 独立国の独立・成立年
南北に分断された国家
社会主義
資本主義

問1 以下にあげた国の場所を地図中の❶〜❹から選ぼう。

インド( )　　ベトナム( )　　インドネシア( )　　イスラエル( )

2

▶教科書 p.128〜129

冷戦の固定化と「雪どけ」

①〜⑮に入る語句を答えよう。

冷戦構造の固定化

● アメリカは西ヨーロッパ諸国と（ ① ）という軍事同盟_{ぐん じ どうめい}を結成した。

● ソ連_{れん}は東ヨーロッパ諸国と（ ② ）という軍事同盟を結成した。

● 冷戦_{れいせん}はアジアにも広がり、北朝鮮_{きたちょうせん}と対立していた韓国_{かんこく}は（ ③ ）をアメリカと結んだ。

● 南半球において、オーストラリアやニュージーランドは（ ④ ）をアメリカと結成した。

● 1949年に成立した中華人民共和国_{ちゅう か じんみんきょう わ こく}は、50年にソ連と（ ⑤ ）を結んだ。

● 米ソ両陣営のなかでは国ごとの個性もまた存在した。イギリスは社会主義を取り入れた経済政策をおこなった。第二次世界_{だい に じ せ かい}大戦中_{たいせん}に自力でドイツ軍を撃退した（ ⑥ ）は、ソ連と距離をおく立場をとり、これを不服とするソ連は（⑥）を1948年に（ ⑦ ）から除名した。

● 米ソは核兵器の開発に全力をあげ、各地で核実験をおこなった。1954年には日本の漁船（ ⑧ ）が南太平洋でおこなわれたアメリカの核実験で被爆_{ひ ばく}した。

● 1957年に科学者たちはカナダの（ ⑨ ）で会議を開き、核兵器_{かくへい き}廃絶_{はいぜつ}を訴えた。このとき出された宣言には、相対性理論で知られる（ ⑩ ）などが参加している。

「雪どけ」

● 1953年、（ ⑪ ）が死去したことをきっかけに、米ソは歩み寄りをみせた。同年には板門店_{はんもんてん}における休戦協定_{きゅうせんきょうてい}で（ ⑫ ）は休戦し、また55年にはアメリカ・イギリス・フランス・ソ連4カ国の首脳がスイスの（ ⑬ ）で会談をおこなった。

● 1959年、（⑪）にかわるソ連の新しい指導者（ ⑭ ）の訪米は「雪どけ」_{ゆき}といわれる米ソ両陣営の和解ムードの象徴_{しょうちょう}であった。

ラテンアメリカと冷戦

● ラテンアメリカでは、アメリカの近隣ということもあり、同国のリーダーシップが強く、1948年には（ ⑮ ）が結成された。

①	
②	
③	
④	
⑤	
⑥	
⑦	
⑧	
⑨	
⑩	
⑪	
⑫	
⑬	
⑭	
⑮	

テーマの問いを考えよう

 テーマの問い　冷戦の前半戦ともいえる1940年代から1950年代。
アメリカとソ連は、どのような動きをみせたのだろうか？

問1　1940年代後半から50年代序盤（1945～52年）の冷戦に関するできごとを教科書の本文からすべてあげてみよう。

問2　1950年代中盤（1953～55年）の冷戦に関するできごとを教科書の本文からすべてあげてみよう。

問3　1950年代後半（1956～59年）の冷戦に関するできごとを教科書の本文からすべてあげてみよう。

問1～3をもとにテーマの問いを考えてみよう。

地図で確認しよう

問1　以下にあげたアメリカが結んだ同盟網に当てはまるものを、地図の❶～❹から選ぼう。

北大西洋条約機構　（　　　）
太平洋安全保障条約（　　　）
日米安全保障条約　（　　　）
米韓相互防衛条約　（　　　）

問2　アメリカの張りめぐらせた同盟網にはどのような特徴があるだろうか。ソ連などの社会主義国との位置関係に注目して説明してみよう。

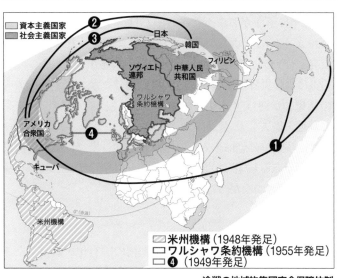

冷戦の地域的集団安全保障体制

3 冷戦の展開

▶教科書 p.130〜131

①〜⑬に入る語句を答えよう。

ソ連と中国の動向

●ソ連ではスターリンの死後、はじめは集団指導体制がとられたが、しだいに(①)が権力を固めた。(①)はスターリンの独裁政治を批判し、また資本主義諸国との(②)を打ち出した。

●ハンガリーでは(③)政権がソ連と距離をおく政策をとろうとしたが、1956年にソ連は軍事介入をおこない(③)政権を倒した。

●米ソの歩み寄りをみて、中国では資本主義に接近するソ連への批判が開始された。

●中国では1960年代の中頃から、(④)を首領とし、社会主義革命のさらなる展開をとなえる一派が反対派を弾圧した。この政治闘争は、「(⑤)」と呼ばれ、中国国内は大きく混乱した。

緊張の再発

●1960年、ソ連が領空でアメリカの偵察機を撃墜した事件をきっかけに「雪どけ」はゆらぎはじめた。

●東ドイツから西側諸国へ亡命する人々があいついだため、1961年、東ドイツとソ連は(⑥)を建設した。

●1959年に革命がおこったキューバは、ソ連に接近した。ソ連はキューバにミサイル基地を建設しようとしたがアメリカが反発し、(⑦)と呼ばれる米ソの緊張状態が生まれた。

●(⑦)により世界は核戦争の危機に直面したが、米ソ首脳の交渉の結果、ソ連はアメリカがキューバに侵攻しないことを条件に基地を撤去した。

●(⑦)は核戦争の恐怖を人々に再認識させ、米ソ首脳間の直通通信手段である(⑧)の開設や、(⑨)(1963年)・(⑩)(1968年)の締結につながった。

スエズ戦争

●エジプトの(⑪)大統領がスエズ運河の国有化を宣言したことで、第2次(⑫)がおこったが、エジプトに侵攻したイギリス・フランスは国際世論の批判を受けて停戦した。

●第2次(⑫)の停戦を確実に実行するため、国際連合は(⑬)を派遣した。(⑬)は国連平和維持活動(PKO)の先がけとなった。

①	
②	
③	
④	
⑤	
⑥	
⑦	
⑧	
⑨	
⑩	
⑪	
⑫	
⑬	

テーマの問い ｜ 人類が核戦争に、もっとも近づいたといわれるキューバ危機。
なぜ、このようなことがおこったのだろうか？

問1　飛行兵器であるミサイルはその射程によって区分され、
　　　射程の長いものほど、製造費用や維持費は高くなる。そ
　　　のため、敵対する国の近くにある同盟国に、準中距離・
　　　中距離の弾道ミサイルをおくことがよくおこなわれた。

ミサイルの種類	射程
準中距離弾道ミサイル	1000〜3000km
中距離弾道ミサイル	3000〜5500km

　　　この点で、キューバで革命がおこる前は、アメリカとソ連はどちらが有利な立場にあったと
　　　いえるだろうか。教科書128ページ ■ の地図も参考にして説明してみよう。

キューバで革命がおこる前は、アメリカの周辺にはソ連の陣営に属する国は
（①　**多かった**　／　**なかった**　）。一方、ソ連の周辺には北大西洋条約機構に加盟して
（②　**アメリカ**　／　**ソ連**　）の陣営に属する国が多く、（③　**アメリカ**　／　**ソ連**　）
が有利な立場にあったといえる。

地図で確認しよう

問2　キューバにソ連のミサイル基地がおかれた
　　　場合、どのような変化がおこるだろうか。

キューバにミサイル基地ができると、
アメリカの首都（❶＿＿＿＿＿＿＿）
は準中距離弾道ミサイルの射程圏内
に 入 り、 ア メ リ カ の 国 土 の
（②　**一部**　／　**大部分**　）が中距
離弾道ミサイルの射程圏内に入る。

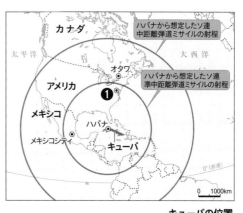

キューバの位置

問1〜2をもとにテーマの問いを考えてみよう。

4

▶教科書 p.132～133

55年体制と安保闘争

①～⑮に入る語句を答えよう。

55年体制の成立

● 1950年代の日本では、冷戦（れいせん）を背景として保守勢力と（ ① ）が対立していた。（①）は、社会運動や労働運動をおさえるための法整備や防衛力の増強など政府の進める政策を、戦後の民主化に逆行するものととらえ、「（ ② ）」と批判した。

● 南太平洋で日本の漁船が被爆（ひばく）した（ ③ ）事件をきっかけに原水爆禁止（ばくきんし）を求める人々の声が高まった。

● 1954年に成立した鳩山一郎（はとやまいちろう）内閣は、再軍備と（ ④ ）を目標に掲げた。一方で、野党の（ ⑤ ）は右派（うは）・左派（さは）に分裂していたが、55年に再統一された。これを受け、保守勢力の結集もはかられ、同年に（ ⑥ ）が結成された。

● 国会において、（⑥）がおよそ3分の2、（⑤）がおよそ3分の1の議席数を維持し、両党が対立しつつ、（⑥）が政権を維持する政治体制を、（ ⑦ ）と呼ぶ。

戦後の日本の外交

● 1956年、日本は（ ⑧ ）に調印（ちょういん）してソ連との国交を回復し、ソ連の支持を得ることで（ ⑨ ）への加盟を実現させた。一方で、（ ⑩ ）をめぐる領土問題は現在にいたるまで解決されていない。

● 1950年代以降、日本とアジア諸国とのあいだでは、太平洋戦争における日本の加害に対する（ ⑪ ）が進んだ。

● 1965年、日本は韓国（かんこく）と（ ⑫ ）を結び、国交を樹立したが、これにより北朝鮮（きたちょうせん）との関係改善は困難になった。

新安保条約と安保闘争

● 岸信介（きしのぶすけ）内閣は、日本とアメリカの関係をより対等なものにしようと、（ ⑬ ）の改定をめざした。1960年1月に調印された新しい（⑬）に対し、（①）は日本がアメリカの世界戦略に巻き込まれることを恐れて、（⑬）の改定に反対する運動をおこした。これを（ ⑭ ）という。

● （⑭）は、1960年5月の衆議院における新しい（⑬）承認の強行採決以来、岸内閣の総辞職や（ ⑮ ）の擁護（ようご）を求める運動に発展し、各地で激しい抗議デモが繰り返された。

①	
②	
③	
④	
⑤	
⑥	
⑦	
⑧	
⑨	
⑩	
⑪	
⑫	
⑬	
⑭	
⑮	

テーマの問いを考えよう

テーマの問い 1950年代の日本では、保守勢力と革新勢力とが対立して
いた。両者はどのような点で対立したのだろうか？

問1 政府が進める防衛力の強化を、革新勢力はどのような言
葉で批判したのだろうか。

問2 革新勢力の主張には、どのようなものがあったのだろうか。

革新勢力の中心となる日本社会党は、(① **独自の防衛力の増強** ／ **非武装中立**)
や(② **憲法改正** ／ **護憲**)を主張した。

問3 新安保条約(1960年)に対し、革新勢力はどのような反応をしたのだろうか。

日本がアメリカの(① ＿＿＿＿＿＿)に巻き込まれる恐れがあると考え、新安保条
約に(② **賛成** ／ **反対**)した。ここから始まる運動を(③ ＿＿＿＿＿＿)とい
い、しだいに多くの国民を巻き込んでいった。

問1〜3をもとにテーマの問いを考えてみよう。

写真で確認しよう

問1 写真の後方にみえる建物は何だろうか。

問2 建物を取り巻く人々は何を主張してい
たのだろうか。

新安保条約反対のデモ

5 高度経済成長の光と影

教科書 p.134〜135

①〜⑮に入る語句を答えよう。

高度経済成長

●安保闘争ののちに成立した池田勇人内閣は、国民からの幅広い支持を得るため、経済政策を重視して（ ① ）を打ち出した。これは1950年代後半から始まっていた（ ② ）をあと押しした。

●（②）を達成した要因には、国内消費が拡大したこと、企業による（ ③ ）が進んだこと、その結果、（ ④ ）も進んで日本製品の品質が向上したこと、エネルギー源として西アジアから安価な（ ⑤ ）を輸入できたことなどがあげられる。

大衆消費社会の誕生

●（②）は国民の生活様式を変化させた。1950年代後半には白黒テレビ・電気洗濯機・電気冷蔵庫の「（ ⑥ ）」、1960年代末には自家用車・カラーテレビ・クーラーの（ ⑦ ）（「新（⑥）」）が普及した。

●1964年に開催された（ ⑧ ）は戦後日本の復興を印象づけるできごとであった。

●（②）の結果、国民の貧富の差が縮小したことや、マスメディアの影響で国民の生活様式が均質化したことで、人々のあいだには（ ⑨ ）が生まれた。

高度経済成長のひずみ

●（②）の結果、太平洋側には（ ⑩ ）地帯と呼ばれる重化学工業地帯が形成された。（⑩）に産業と人口が集中する一方で、日本国内で地域間格差が生まれた。

●農村では人口が流出し、（ ⑪ ）が進行する一方、都市は過密となった。また、家族の形態として、夫婦と未婚の子どもからなる（ ⑫ ）が増加した。

●重化学工業の発展と都市の過密化は生活環境を悪化させ、水俣病に代表される（ ⑬ ）が発生した。都市では大気汚染や騒音に抗議する（ ⑭ ）も活発になった。こうした動きを受け、政府は対策法を制定するとともに、1971年に（ ⑮ ）を設置した。

①	
②	
③	
④	
⑤	
⑥	
⑦	
⑧	
⑨	
⑩	
⑪	
⑫	
⑬	
⑭	
⑮	

112　第3部　グローバル化と私たち

テーマの問いを考えよう

テーマの問い　1950年代後半から1960年代、日本経済は急速に成長した。
この時期、日本ではどのようなことがおこったのだろうか？

問1　1950年代後半から1960年代にかけて普及したものを１つ選ぼう。
　ア　ガス灯やレンガ造りの建物
　イ　カレーライスなどの洋食や背広などの洋装
　ウ　「三種の神器」や３Ｃなどの耐久消費財

問2　中流意識とは何だろうか。

高度経済成長の結果、国民の（① ＿＿ ＿＿）の差が縮小したことや、マスメディアの
影響で国民の生活様式が（②　画一化　／　多様化　）するなかで広まった、自身が
富裕層でも貧困層でもなく人なみの生活をしているという感覚。

問3　重化学工業の急速な発展によって引きおこされた問題として、公害以外に何を指摘できるだ
ろうか。

問１〜３をもとにテーマの問いを考えてみよう。

グラフで確認しよう

問1　右のグラフに関する記述のうち、正
しいものを１つ選ぼう。
　ア　1965年時点で、「三種の神器」の普
及率はいずれも60％をこえていた。
　イ　1960年代後半から1970年代にかけ
てカラーテレビの普及率が大きく上
昇した。
　ウ　白黒テレビとカラーテレビの普及率
が逆転したのは1960年代後半である。

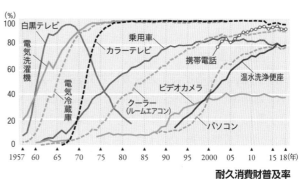

耐久消費財普及率

6 ベトナム戦争とアメリカ

▶教科書 p.136～137

①～⑬に入る語句を答えよう。

ベトナム戦争

● インドシナ戦争後、ベトナムは北緯17度線で南北にわかれた。北には社会主義国である（ ① ）（北ベトナム）が存在した。

● フランスが建てたベトナム国にかわって南に成立したベトナム共和国（南ベトナム）の（ ② ）大統領は、独裁的（どくさいてき）な政治をおこない、国民の反発を招いた。南ベトナムの国民は、政権打倒をめざす（ ③ ）を結成して武力闘争を開始した。

● アメリカは社会主義の広がりを恐れて南ベトナムへの支援を強めた。1965年にアメリカは、南ベトナムへの軍隊の派遣と（ ④ ）と呼ばれる北ベトナムへの空爆（くうばく）にふみきり、ベトナム戦争が始まった。

● アメリカ軍は民衆の支持を得た（③）のゲリラ戦に対応できず苦戦し、アメリカ国内でも反戦の声が日増しに強まったので、1973年に（ ⑤ ）を結んでベトナムから撤退（てったい）した。

● 1975年には南ベトナムの首都（ ⑥ ）が陥落（かんらく）してベトナム戦争は終結し、（ ⑦ ）が成立して、南北ベトナムは統一された。

公民権運動

● 1950～60年代、アメリカ国内では黒人たちの差別反対運動である（ ⑧ ）がおこり、大きな成果をあげた。

● (⑧)の指導者は（ ⑨ ）牧師であった。（⑨）の「私には夢がある」から始まる演説は有名である。

米中の接近

● 1960年代末になると、アメリカは世界各地への介入を縮小し、自国の負担軽減をはかるようになった。これを指導した（ ⑩ ）大統領は、中ソ対立を好機とみて1972年に中国（ちゅうごく）を訪問した。

● (⑩)の中国訪問をきっかけに、日本の（ ⑪ ）首相も1972年に中国を訪問し、（ ⑫ ）を出した。

沖縄の返還

● 1972年、アメリカの占領状態（せんりょうじょうたい）が続いていた（ ⑬ ）が日本に返還された。しかし、(⑬)返還後もアメリカ軍基地は残された。

①	
②	
③	
④	
⑤	
⑥	
⑦	
⑧	
⑨	
⑩	
⑪	
⑫	
⑬	

テーマの問いを考えよう

テーマの問い 冷戦最大の武力衝突といわれるベトナム戦争。
この戦争は世界に、どのような影響を与えたのだろうか？

地図で確認しよう

問1　ベトナム戦争の結果、ベトナムはどうなったのだろうか。

ベトナム戦争時のベトナム

現在の東南アジア

（**❶** ＿＿＿＿＿＿＿＿＿＿＿＿＿＿）（北ベトナム）と（**❷** ＿＿＿＿＿＿＿＿＿＿）
（南ベトナム）が争ったベトナム戦争の結果、ベトナムには（**③**　**資本主義**　／
　社会主義　）国が成立して、南北を統一した。（③）の広がりを恐れ、軍隊を派遣
するなど（❷）を支援したアメリカのねらいははずれ、アメリカの威信は低下した。

問2　1960年代から1970年代におこったできごとに関する記述のうち、誤っているものを1つ選ぼう。
　ア　アメリカで黒人たちがおこした公民権運動は、ベトナム反戦運動と連動するようになった。
　イ　朝鮮半島では、南北統一をめざす朝鮮民主主義人民共和国が大韓民国に侵攻して朝鮮戦争が
　　　勃発した。
　ウ　アメリカのニクソン大統領は、世界各地への介入を縮小して自国の負担軽減をめざし、アメ
　　　リカの大統領としてはじめて中国を訪問した。
　エ　日本では、沖縄がアメリカから返還されたが、アメリカ軍基地は残された。

問1〜2をもとにテーマの問いを考えてみよう。

7 経済構造の変化

▶教科書 p.138〜139

①〜⑮に入る語句を答えよう。

ニクソン゠ショック

●第二次世界大戦後、資本主義世界では、国際的な通貨制度として（ ① ）体制が維持されていたが、ベトナム戦争の影響などで、アメリカは財政の赤字と、（ ② ）収支の赤字という２種類の赤字に悩むようになった。

●アメリカ大統領ニクソンは1971年に金とドルの交換停止を発表し、世界に衝撃を与えた。これを（ ③ ）と呼ぶ。

●（①）体制は急速に解体し、1973年からは変動為替相場制となった。これにより日本の輸出に有利な１ドル＝（ ④ ）円の固定為替相場がくずれた。

第１次石油危機

●イスラエルとアラブ諸国の対立はスエズ戦争後も好転せず、1967年には、第３次（ ⑤ ）がおこった。この結果、イスラエルはエジプトの（ ⑥ ）半島など多くの土地を占領した。

●1973年には、アラブ諸国がイスラエルを奇襲して第４次（⑤）がおこった。このとき、（ ⑦ ）は原油価格を引き上げ、（ ⑧ ）はイスラエルに近い立場をとる西側諸国への原油輸出停止を発表し、世界経済は大いに動揺した。これを第１次（ ⑨ ）という。

●日本では第１次（⑨）により、（ ⑩ ）が終わりを迎えた。

サミットの始まり

●（③）や第１次（⑨）などで混乱した世界経済の問題を話しあうため、1975年、フランスで第１回（ ⑪ ）が開かれた。

第２次石油危機

●イランでは1950年代に（ ⑫ ）首相による石油会社の国有化が失敗したのち、国王（ ⑬ ）が近代化政策をおこなった。（⑬）の改革は国民を富裕層と生活が困窮する民衆に分裂させた。

●1979年に（ ⑭ ）がおこり、（ ⑮ ）を最高指導者とするイラン゠イスラーム共和国が誕生した。

●（⑭）をきっかけに、（⑬）を支援してきたアメリカとイランの関係が悪化し、再び原油価格が高騰した。これを第２次（⑨）という。

①	
②	
③	
④	
⑤	
⑥	
⑦	
⑧	
⑨	
⑩	
⑪	
⑫	
⑬	
⑭	
⑮	

テーマの問いを考えよう

| テーマの問い | 1970年代、資本主義世界の経済は様々な変化を経験した。それは、どのような変化だったのだろうか？ |

グラフで確認しよう

問1　右のグラフに関する記述のうち、正しいものを1つ選ぼう。

ア　ニクソン＝ショックのあとも1ドル＝360円が継続している。

イ　変動為替相場制となったのは1985年のプラザ合意以降のことである。

ウ　ニクソン＝ショック以降、1ドルが360円以上となる年はなかった。

エ　変動為替相場制に移行してから、円の価値は毎年下がり続けている。

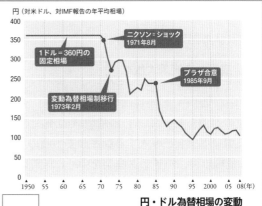

円・ドル為替相場の変動

グラフで確認しよう

問2　右のグラフに関する記述のうち、誤っているものを1つ選ぼう。

ア　1973年まで、原油価格が大きく変動することはなかった。

イ　1975年の原油価格は1バレルあたり10ドルをこえている。

ウ　1980年の原油価格は1バレルあたり50ドルをこえている。

エ　21世紀に入っても、原油価格は大きく変動している。

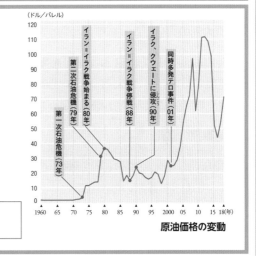

原油価格の変動

問3　変動為替相場制への移行と石油危機は、日本経済にどのような影響を与えたのだろうか。

変動相場制への移行により、日本の（①　**輸出**　／　**輸入**　）に有利な1ドル＝360円の固定為替相場がくずれた。また、第4次（②＿＿＿＿＿＿）をきっかけとする原油価格の上昇により、日本経済は混乱し、（③＿＿＿＿＿＿＿＿）が終わりを迎えた。

問1〜3をもとにテーマの問いを考えてみよう。

日本の経済大国化

▶教科書 p.140〜141

①〜⑭に入る語句を答えよう。

安定成長から経済大国へ

●1970年代前半、日本は国をあげての(①)や節電に取り組み、企業の努力もあって、石油危機後の不況を脱した。各企業は産業用ロボットを導入するなどして生産の(②)を進めた。

●石油危機以後、ハイテク産業を中心に国際競争力を高めた日本は貿易黒字を大幅に拡大し、(③)の時期を迎えた。

●日本の貿易黒字拡大にともない、欧米諸国とのあいだに(④)が生じた。欧米諸国は日本に対して自国の工業製品や農産物の輸入を拡大するよう求めた。

経済大国の責任

●1970年代後半以降、日本は発展途上国に対する(⑤)の予算を増額する方針をとり、1980年代半ばには、日本はアメリカにつぐ世界第2位の援助大国となった。

貿易摩擦の激化

●1980年代、日米間での(④)が激しくなり、アメリカは日本に対し、(⑥)・鉄鋼の輸出規制と、(⑦)・オレンジ・(⑧)などの輸入自由化を求めた。

バブル景気とその後

●1985年、アメリカ・イギリス・フランス・西ドイツ・日本の5カ国は、アメリカの貿易赤字解消を目的とした(⑨)によって、為替相場をドル安に誘導する方針をとった。

●(⑨)以後、日本では急速に(⑩)が進んだため、輸出産業が伸び悩み、不況が訪れた。日本銀行は(⑪)をおこない、景気の回復をはかった。

●余剰資金が不動産や株式に流入したことで、1987年から90年の日本では、地価・株価が異常に高くなる(⑫)となった。

●(⑫)が崩壊すると、日本経済は長い不況の時代に入った。1990年代、企業がアジア諸国に生産拠点を移したことで、国内では(⑬)が進んだ。一方で、インターネットなど(⑭)に関わる産業が発展した。

①	
②	
③	
④	
⑤	
⑥	
⑦	
⑧	
⑨	
⑩	
⑪	
⑫	
⑬	
⑭	

テーマの問いを考えよう

> **テーマの問い** 経済大国となった日本。このことは、日本と諸外国との
> 関係にどのような影響をもたらしたのだろうか？

グラフで確認しよう

問1　右のグラフから読み取れることは何だ
　　　ろうか。

> 第1次石油危機以降から1990
> 年までに注目すると、日本は
> （①　**貿易黒字**　／　**貿易赤字**　）
> であった年の方が多い。

問2　貿易をおこなう国どうしで、一方から
　　　もう一方への輸出超過を原因として生
　　　じる問題を何というだろうか。

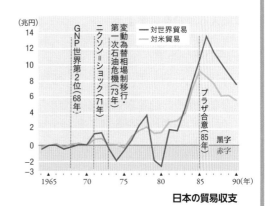

日本の貿易収支

グラフで確認しよう

問3　右のグラフに関する記述のうち、正
　　　しいものを1つ選ぼう。
ア　日本は1980年代後半以降、何度か世
　　界一の援助額を拠出した年度がある。
イ　日本の援助額は毎年増加を続け、前
　　年度実績を下回ったことはない。
ウ　日本は2010年以降、世界第2位の
　　援助実績を保っている。
エ　日本の援助額は2010年以降、100億
　　ドルを下回ったことはない。

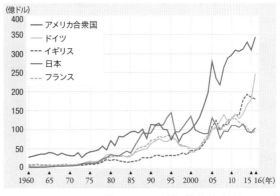

各国のODA実績の推移（支出純額ベース）

問1〜3をもとにテーマの問いを考えてみよう。

9 アジアの経済成長

▶教科書 p.144〜145

①〜⑬に入る語句を答えよう。

NIESとASEAN

● 1960年代から90年代にかけて、発展途上国とみられていた国々のなかから、急速な工業化に成功する国や地域があらわれた。これらの国や地域を新興工業経済地域（（ ① ））と呼ぶ。

● (①)には、朝鮮半島の(②)、台湾、香港、マレー半島の先端にある(③)などがある。これらの国々は政府の強力な指導のもと、先進国の豊かな大衆に向けて繊維製品や電気製品などを輸出する輸出振興策で成功をおさめた。

● 1990年代に急速に普及しはじめたコンピュータをつなぐ通信網である(④)も、国際的な分業をより簡単にした。このことも(①)の発展につながった。

● (⑤)など、1970年代に社会主義的な経済政策を追求する国もあったが、経済を好転させることはできなかった。

● 東南アジアでは、親米的な5カ国によって1967年に(⑥)が結成された。結成当初は、社会主義国のベトナム民主共和国(北ベトナム)に対抗する性格が強かったが、しだいに冷戦とは距離をおき、71年には東南アジア地域の中立を宣言した。この宣言を(⑦)という。

● 1979年には(⑥)に日本・アメリカ・オーストラリア・ヨーロッパ共同体(EC)などを加えた(⑧)が開かれた。

中国の改革・開放政策

● 中国では1976年の(⑨)の死をきっかけに、プロレタリア文化大革命が終わった。

● (⑨)の死後、権力を握った(⑩)は国営企業の一部民営化や外国企業の投資の受け入れなど、(⑪)と呼ばれる経済改革をおこなった。この結果、中国の経済はめざましい発展をとげた。

南北問題と南南問題

● 北半球に多い先進国と、赤道付近や南半球に多い発展途上国の経済格差やそれを原因とする政治対立を(⑫)という。

● 「南」とされていた発展途上国のなかでも、経済格差や対立が表面化した。これを(⑬)という。

①	
②	
③	
④	
⑤	
⑥	
⑦	
⑧	
⑨	
⑩	
⑪	
⑫	
⑬	

テーマの問いを考えよう

 テーマの問い 1970年代から1990年代に、急速な経済発展を実現した
国や地域があった。その理由は何だろうか？

図で確認しよう

問1　NIESはそれぞれの局面
のうち、どの部分を担っ
たのだろうか。考えられ
る理由も含めて、正しい
ものを1つ選ぼう。

ア　局面：製造・組立て
理由：安価な労働力があ
ったため。

イ　局面：製造・組立て
理由：工業が未発達だったため。

ウ　局面：企画
理由：安価な労働力があったため。

エ　局面：企画
理由：工業が未発達だったため。

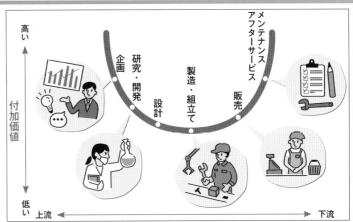

スマイルカーブ現象

地図で確認しよう

問2　日本企業がそれぞれの場所に工
場を設けたのはなぜだろうか。

 日本企業は、おもに
（①　沿岸部 ／
内陸部　）に進出した。
このような外国企業
の誘致も（②　輸出
／　輸入　）振興策を
とるNIESの躍進につ
ながった。

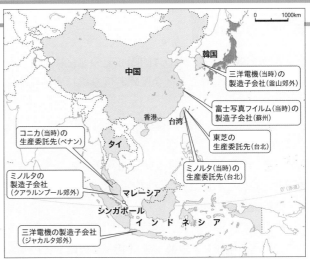

日本企業のアジア進出（2000年時点）

問1〜2をもとにテーマの問いを考えてみよう。

10 社会主義の停滞と新自由主義

①〜⑮に入る語句を答えよう。

社会主義の停滞

- ●ソ連は経済成長のための(①)を立て、資本主義諸国に対抗しようとした。石炭、石油、天然ガスなどの(②)にめぐまれたソ連は、第二次世界大戦後、軍事部門を中心に工業を発展させた。
- ●ソ連の指導者たちは(③)による一党支配の正当性を示すため、人々の生活水準の向上に関心をもち、社会資本を整備した。
- ●ソ連では、(①)にもとづいて国家が経済を管理したため、資本主義経済をとる国でみられるような(④)がおこらなかった。そのため技術革新や産業構造の転換が進まず、経済が停滞した。
- ●ソ連は1968年に(⑤)でおきた自由化・民主化の動きを軍事介入によって挫折させ、79年からは(⑥)への軍事介入もおこなった。

新自由主義の台頭

- ●石油危機以後、イギリスでは国際収支の悪化に加えて(⑦)も拡大した。その一方で、社会保障制度を維持するための重税も問題となっていた。
- ●1979年にイギリス首相となった保守党の(⑧)は、社会保障費の削減や国有企業の(⑨)をおこなった。
- ●1981年にアメリカ大統領となった共和党の(⑩)は、大幅な減税や(⑪)をおこない、ソ連との対決姿勢を強めて、強いアメリカの復活をめざした。
- ●(⑧)や(⑩)に代表される、経済的・軍事的に強い国家をめざしつつ、財政を縮小し、(⑫)を批判して自由放任経済に回帰する動きを(⑬)と呼ぶ。
- ●日本では1982年に成立した中曽根康弘内閣が、日米関係の強化をはかりつつ、財政再建をめざして行政改革をおこなった。中曽根内閣は(⑭)を増額させる一方で、社会保障費は抑制し、電電公社(現NTT)・専売公社(現JT)・(⑮)(現JR)を(⑨)した。

①	
②	
③	
④	
⑤	
⑥	
⑦	
⑧	
⑨	
⑩	
⑪	
⑫	
⑬	
⑭	
⑮	

テーマの問いを考えよう

テーマの問い 社会主義国であるソ連は停滞する一方、資本主義諸国でも
福祉国家への疑問が生まれた。その理由は何だろうか？

問1 社会主義国の経済には、どのような特徴があるだろうか。

社会主義国では（①　**民間企業による自由な生産活動**　／　**国家の立てた計画**　）に
よる経済成長をめざしている。そのため、資本主義経済のように企業間の（②＿＿＿）
がおこらず、結果としてコスト削減や（③＿＿＿＿＿）、産業構造の変化もおこ
りにくい。

問2 福祉国家であった第二次世界大戦後のイギリスでは、どのような問題がおきていただろうか。

国有企業の経営が悪化し、貿易の（①＿＿＿＿＿）も悪化した。石油危機後は、
国の（②＿＿＿＿＿）も拡大し、手厚い社会保障制度を維持するための（③＿＿＿）
も問題となっていた。

問3 福祉国家を批判し、自由放任経済に戻ることで民間の活力を活用し、経済的にも軍事的にも
強い国家をめざす動きを何というだろうか。

問1～3をもとにテーマの問いを考えてみよう。

写真で確認しよう

問1 右の写真に関する記述のうち、正
しいものを1つ選ぼう。

ア　ソ連では流通の不備から、たびた
び物資の不足が発生した。

イ　ソ連では電力も不足しており、写
真のスーパーも停電中である。

ウ　ソ連ではインターネットでの買い
物が主流であったため、スーパー
は必要なかった。

ソ連のスーパー

11 冷戦の終結

①〜⑫に入る語句を答えよう。

ソ連の改革と東ヨーロッパ

● ソ連の新しい指導者として、1985年に(①)が登場した。(①)は、市場原理の導入、「情報公開」((②))などの政策を打ち出した。これら一連の改革を「(③)」(建て直し)と呼ぶ。

● (①)は1988年にソ連軍を(④)から撤退させた。また、東ヨーロッパ諸国の政治に介入しない姿勢をみせたため、各国で民主化の動きが強まった。ドイツでは冷戦の象徴である(⑤)が破壊され、90年に東西ドイツの統一が実現した。

● 多くの国で民主化は非暴力的に進んだが、(⑥)では独裁政治をおこなっていた、大統領夫妻が殺害された。

● (③)と東ヨーロッパの民主化によって、軍事同盟である(⑦)は1991年に解体した。

冷戦の終結

● (①)はアメリカとの対話を重視する新思考外交をおこなった。

● 1987年、ソ連はアメリカと(⑧)を結び、核兵器の削減を実現した。89年、地中海の島国(⑨)で(①)とアメリカ大統領ブッシュの会談がおこなわれ、冷戦の終結が宣言された。91年に両国は(⑩)を結び、多くの核を廃棄した。

ソ連の解体

● 東ヨーロッパの民主化は社会主義国家の集合体であるソ連にも影響をおよぼし、ソ連内の各共和国の自立の動きを加速させた。

● ソ連の威信低下に危機感をいだいた共産党保守派は、1991年8月に(①)に反対するクーデタをおこしたが、人々の支持を得られず失敗に終わり、ソ連共産党は解散に追い込まれた。

● 1991年12月、(⑪)が結成され、ソ連は解体した。

東アジアの動き

● 1989年には中国でも、政治の民主化要求運動が高揚したが、政府は運動を武力で弾圧した。これを(⑫)という。

● 朝鮮半島では、韓国が経済を発展させたが、北朝鮮は社会主義体制を維持した。

①	
②	
③	
④	
⑤	
⑥	
⑦	
⑧	
⑨	
⑩	
⑪	
⑫	

テーマの問い 冷戦は、1980年代末から1990年代にかけて終結した。
どのようなことが、冷戦終結につながったのだろうか？

問1　ソ連の新指導者ゴルバチョフは、社会主義の行き詰まりを打開しようと、様々な政策を打ち出した。そのなかで、今まで政府が独占していた各種の情報を広く国民に知らしめる政策は何と呼ばれただろうか。カタカナで答えよう。

地図で確認しよう

問2　東ヨーロッパ諸国で民主化が進み、1989年５月、ハンガリーがオーストリアとの国境を開放した。これ以降、東ドイツの人々はベルリンの壁をこえる危険をおかすことなく、西側諸国にいけるようになったため、ベルリンの壁はその役割を果たせなくなった。東ドイツの人々が西側諸国へいくとき通ったと考えられるルートを、地図中の❶〜❹から１つ選ぼう。

1980年代末の東ヨーロッパ　□ 社会主義国家

問3　ソ連が解体するまでのできごとを並べたもののうち、正しいものを１つ選ぼう。

ア　ペレストロイカ → マルタ会談 → ワルシャワ条約機構解体 → 独立国家共同体結成
イ　独立国家共同体結成 → ワルシャワ条約機構解体 → マルタ会談 → ペレストロイカ
ウ　マルタ会談 → ワルシャワ条約機構解体 → ペレストロイカ → 独立国家共同体結成
エ　ワルシャワ条約機構解体 → マルタ会談 → 独立国家共同体結成 → ペレストロイカ

問1〜3をもとにテーマの問いを考えてみよう。

12

冷戦後の地域紛争

①〜⑮に入る語句を答えよう。

ユーゴスラヴィア

●冷戦の終結でソ連の影響力が弱まり、大統領の（ ① ）が死去したユーゴスラヴィアでは、1991年から2001年にかけて内戦がおこった。その過程で敵対する民族の排除や虐殺がおこなわれ、北大西洋条約機構(NATO)や（ ② ）が介入した。内戦は一応終結し、ユーゴスラヴィアは現在7カ国にわかれている。

西アジア

●1990年、（ ③ ）は隣国のクウェートに侵攻し、併合を宣言した。（②）は（③）を非難し、（ ④ ）を容認する決議をおこない、翌年、アメリカ軍を中心とする（ ⑤ ）が派遣され、（③）軍をクウェートから撤退させた。これを（ ⑥ ）と呼ぶ。

●イスラエルを建国したユダヤ人とアラブ人の対立が続いていた（ ⑦ ）では、1993年に和平が合意されたものの、その後も両者の対立は解消されていない。現在でも双方のテロ行為が続き、イスラエルは（ ⑧ ）の建設を進めている。

●（⑥）後、ペルシア湾岸地域にアメリカ軍の駐留が続き、パレスチナ問題も未解決のなか、2001年9月11日、（ ⑨ ）がおこった。その後、アメリカは「テロとの闘い」を掲げて（ ⑩ ）への空爆や（③）への攻撃をおこなった。

アフリカ

●アフリカでは各地で領土紛争や部族間紛争があいつぎ、多くの人が故郷を追われて（ ⑪ ）となった。

●アフリカでは2002年に、ヨーロッパ連合(EU)をモデルとした（ ⑫ ）がつくられた。

国際社会における日本の役割

●日本は（⑥）を機に、1992年、（ ⑬ ）を成立させ、カンボジアに（ ⑭ ）を派遣した。

●日本国憲法の三原則の1つに（ ⑮ ）がある。日本は、（⑮）を掲げる憲法をもつ国として、国際紛争解決のために何ができるか考える必要がある。

①	
②	
③	
④	
⑤	
⑥	
⑦	
⑧	
⑨	
⑩	
⑪	
⑫	
⑬	
⑭	
⑮	

テーマの問いを考えよう

テーマの問い 冷戦が終結すると、内戦や地域紛争がめだつようになった。
その理由は何だろうか？

問1 ユーゴスラヴィアに関する記述のうち、正しいものを1つ選ぼう。

ア 多民族国家であり、多様な宗教が存在する地域であった。

イ 東ヨーロッパの資本主義国として、ソ連を脅威(きょうい)に感じていた。

ウ 大統領のティトーは、民族間の対立を激化させた。

問2 冷戦終結後の地域紛争にはどのようなものがあったのだろうか。

> 1990年、イラクはクウェートに侵攻した。そこで、国連決議にもとづき、アメリカ
> 軍を中心とする(① ＿＿＿＿＿＿＿)は、イラクを攻撃し、クウェートから撤退させ
> た。この湾岸戦争の後、ペルシア湾岸地域ではアメリカ軍の駐留が続いた。ユダヤ
> 人とアラブ人の対立が続くパレスチナでは、(② ＿＿＿＿＿＿＿)の仲介で和平が試
> みられたが、両者の対立は現在にいたるまで解消されていない。

問1～2をもとにテーマの問いを考えてみよう。

地図で確認しよう

ロンドン
パリ
モスクワ
ワシントン
ニューヨーク

おもな紛争地域(すでに解決済の問題を含む)
領土問題　　民族問題
政変・政治介入・　テロや反政府運動
その他　　　がおこっている地域
冷戦後に紛争や政変などが始まった国・地域

おもな地域紛争

問1 以下にあげた国の場所を、地図中の❶～❹から選ぼう。

イラン(　　　)　　イラク(　　　)　　ユーゴスラヴィア(　　　)　　アフガニスタン(　　　)

13 地域統合

▶教科書 p.154〜155

①〜⑬に入る語句を答えよう。

EUの発足

● ヨーロッパでは第二次世界大戦（だいにじせかいたいせん）が終わったあと、たびたび戦争の原因にもなった石炭や鉄鋼の資源の共同管理がめざされ、1952年に（ ① ）が結成された。

● （①）の成功を受けて、原子力事業の共同管理をめざし（ ② ）が、経済全般に協力を広げた（ ③ ）が、それぞれ1958年に発足し、国境をこえた人・物・資本の移動が促進されていった。

● 1967年、（①）・（②）・（③）をあわせて（ ④ ）が誕生した。73年以降はイギリスをはじめとして（④）への加盟国が増加した。

● 1992年、（ ⑤ ）が結ばれ、93年に（ ⑥ ）が発足した。2002年には共通通貨（ ⑦ ）の流通も始まった。

● 1985年と90年の2回にわたり結ばれた（ ⑧ ）では、国境管理の廃止が打ち出された。

● 2004年には東ヨーロッパ諸国やバルト3国の（⑥）加盟が実現した。

● 2005年には（⑥）共同の憲法案がフランスなどの国民投票で否決されたが、07年には「欧州大統領」などを新設する（ ⑨ ）が結ばれた。

ASEANの動向

● 冷戦から距離をおき、政治的性格を薄めつつあった東南（とうなん）アジア諸国連合（しょこくれんごう）（ASEAN（アセアン））は、冷戦の終結でこの傾向（けいこう）を強めた。

● 1980年代には社会主義国ベトナムで（ ⑩ ）と呼ばれる改革政策がおこなわれ、外国資本の受け入れなどがみられた。ベトナムは1995年にASEANに加盟した。

● ASEAN諸国は東アジア・環太平洋（かんたいへいよう）地域の広範囲な交流と信頼（しんらい）形成をめざし、1994年から（ ⑪ ）を開催し、97年以降は日本・中国（ちゅうごく）・韓国（かんこく）を加えた（ ⑫ ）と呼ばれる会議を開催している。

経済協力の模索

● 経済連携の強化をより広い地域に適用しようとする動きもあり、1989年に発足した（ ⑬ ）は複数の宗教圏や文化圏にまたがる組織である。

①	
②	
③	
④	
⑤	
⑥	
⑦	
⑧	
⑨	
⑩	
⑪	
⑫	
⑬	

テーマの問い **冷戦の終わり頃から、急速に台頭してきたEUとASEAN。これらは、どのような変化をたどってきたのだろうか？**

問1　EUは2004年にポーランド、ハンガリー、チェコ、スロヴァキアを加盟国に加えた。これらの国は冷戦期にはどのような社会体制であったのだろうか。つぎから1つ選ぼう。

　　ア　資本主義　　イ　ファシズム　　ウ　社会主義　　エ　帝国主義

地図で確認しよう

問2　2004年にEUに加わった国のなかには、地図で❶〜❸で示した3つの国がある。その国名を答えよう。

　❶：

　❷：

　❸：

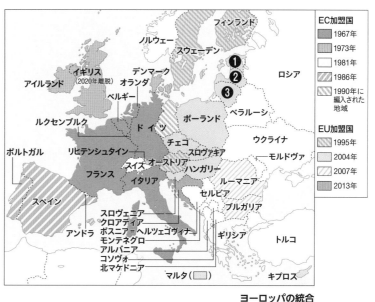

ヨーロッパの統合

問3　❶〜❸の国に関する記述のうち、正しいものを1つ選ぼう。

　　ア　それぞれが、ソ連を構成する社会主義国家であった。
　　イ　それぞれが、アメリカを中心とする北大西洋条約機構に加わる資本主義国家であった。
　　ウ　それぞれが、ユーゴスラヴィアを構成する社会主義国家であった。
　　エ　それぞれが、ソ連、アメリカどちらの陣営にも属さない第三世界と呼ばれる国の1つであった。

問4　ASEANは、1995年にベトナムを加盟国に加えたが、ベトナムの正式な国名は何というか。

問1〜4をもとにテーマの問いを考えてみよう。

14 現代世界の諸課題

▶教科書 p.156～157

①～⑩に入る語句を答えよう。

食料問題と人口

● 世界の人口が増え続けるなか、今なお飢えで命を落とす人があとを絶たず、食料問題は人類にとって大きなテーマである。
● 第二次世界大戦後の関税及び貿易に関する一般協定((①))や、それにかわった(②)は農産物の貿易の活発化につとめている。日本も海外からの要請を受けて農産物の貿易の自由化へと動きつつある。

地球環境の問題

● 産業革命以後、各国の工業化・都市化は、豊かさを生むと同時に自然環境の破壊をもたらした。
● 1992年にブラジルの(③)で、温室効果ガスの排出削減をめざす(④)が結ばれた。97年には、温室効果ガスの排出削減目標を定めた(⑤)がつくられた。
● 人類は、1979年のアメリカの(⑥)原子力発電所、86年のソ連の(⑦)原子力発電所、2011年の日本の(⑧)原子力発電所などで原子力発電における大きな事故を経験している。
● 原子力発電では、二酸化炭素を排出しない合理的な発電であるとする意見と、人類に制御できない危険な発電であるとする意見が対立している。

感染症と国際社会

● 人や物が国境をこえて激しく移動する現代においては、感染症などへの対応にも国際的な連携が求められる。
● 2002～03年のSARSや2020年の新型コロナウイルスなどでは、国際連合の専門機関である(⑨)が指導的な役割を果たそうとしている。

多様な人々との共生

● フランス革命後、世界は国民国家を1つの基準として歩んできたが、そのなかで少数派の人々が抑圧を受けることも多かった。
● 現在は1つの国家のなかで複数の文化や民族がたがいに尊重しあい、協力しあっていく(⑩)がめざされている。

①	
②	
③	
④	
⑤	
⑥	
⑦	
⑧	
⑨	
⑩	

テーマの問い　**現在の世界には、どのような課題があるのだろうか？**

問1　教科書の本文から、あなたが世界の課題だと感じることをあげてみよう。

問1をもとにテーマの問いを考えてみよう。

グラフで確認しよう

問1　2020年の世界の人口にもっとも近い
　　ものを1つ選ぼう。

　ア　約58億人　　イ　約68億人
　ウ　約78億人　　エ　約88億人

問2　2020年の世界人口は1950年の何倍に
　　なっただろうか。正しいものを1つ選
　　ぼう。

　ア　約2倍　　　イ　約3倍
　ウ　約4倍　　　エ　約5倍

問3　2100年には世界人口はどれくらいに
　　なっていると推定されているだろうか。
　　正しいものを1つ選ぼう。

　ア　約99億人　　イ　約104億人
　ウ　約109億人　エ　約114億人

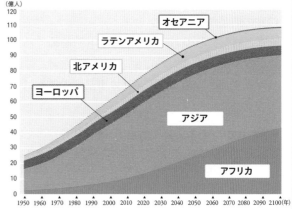

世界の人口の推移（中位推計）

15 日本の諸課題

①〜⑮に入る語句を答えよう。

55年体制の崩壊と平成不況

● 日本では、1993年に自民党が一時野党となり、政界の再編がおこった。このできごとは（ ① ）の崩壊といわれる。

● バブル景気の崩壊後、日本は長い不況に苦しんだ。（ ② ）を抱えた大手金融機関は破綻し、企業の倒産やリストラの結果、失業者や（ ③ ）が増加した。

● 財政面では歳出が歳入を上回る状態が続き、（ ④ ）が拡大した。2001年に成立した小泉純一郎内閣は郵政民営化や規制緩和を柱とする（ ⑤ ）を進めたが、（④）は解消されなかった。

● 現在の日本には、過疎化が進み、インフラの維持さえ困難な地域も存在する。とくに、（ ⑥ ）の衰退がめだつ。

● 出生率の低下や平均寿命の伸長にともない、日本は急速に（ ⑦ ）となり、年金制度を中心に（ ⑧ ）の見直しがせまられている。

外交と安全保障

● 日本と中国・韓国とのあいだでは、戦争や植民地支配をめぐる（ ⑨ ）の違いから外交上の問題が発生することがある。

● 日本と（ ⑩ ）のあいだには、（⑩）によるミサイル発射や日本人拉致の問題が存在する。

● 日本とロシアとのあいだでは、（ ⑪ ）をめぐる領土問題が未解決となっている。

● 日米安保体制のもと、アメリカ軍基地の負担は（ ⑫ ）に集中している。

自然災害や環境問題への対応

● 日本は地震国であるが、1995年の阪神・淡路大震災や2011年の（ ⑬ ）では多くの犠牲者が出た。日本では地震以外の自然災害も頻発しており、防災も大きな課題である。

多様な人々との共生

● 日本には、朝鮮半島にルーツをもつ（ ⑭ ）が多く住んでいる。また、観光や留学以外に、就労や（ ⑮ ）のために来日する人々も多く、人々の共生のあり方が問われている。

①	
②	
③	
④	
⑤	
⑥	
⑦	
⑧	
⑨	
⑩	
⑪	
⑫	
⑬	
⑭	
⑮	

現在の日本には、どのような課題があるのだろうか？

問1　現在の日本ではどのようなことがおきているだろうか。

・財政赤字の（①　拡大　／　縮小　）。

・中央と地方のあいだでの格差の（②　拡大　／　縮小　）。

・非正規労働者の割合の（③　増加　／　減少　）。

問2　教科書の本文も参考にして、問1の解答のほかにあなたが日本の課題だと感じることをあげてみよう。

問1～2をもとにテーマの問いを考えてみよう。

グラフで確認しよう

問1　15～64歳の人口はおおよそ何人か、2020年時点と2065年時点をそれぞれ計算してみよう。

2020年：

2065年：

問2　この計算結果から、どんなことを考えられるだろうか。

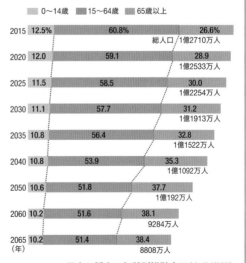

| | 0～14歳 | 15～64歳 | 65歳以上 |

年	0～14歳	15～64歳	65歳以上	総人口
2015	12.5%	60.8%	26.6%	総人口 1億2710万人
2020	12.0	59.1	28.9	1億2533万人
2025	11.5	58.5	30.0	1億2254万人
2030	11.1	57.7	31.2	1億1913万人
2035	10.8	56.4	32.8	1億1522万人
2040	10.8	53.9	35.3	1億1092万人
2050	10.6	51.8	37.7	1億192万人
2060	10.2	51.6	38.1	9284万人
2065 (年)	10.2	51.4	38.4	8808万人

日本の将来の年齢別推計人口（中位推計）

いまの私たちにつながる課題　　対立・協調

激動の時代、命をかけて平和をつくった人々！

▶教科書 p.160〜161

Q1 ストラスブールとトレントを **3**（19世紀末のヨーロッパ）の地図から探してみよう！　どのような場所に
位置しているだろうか？

Q2 **4**（選抜徴兵法）は1917年にアメリカが第一次世界大戦に参戦したときにつくられた選抜徴兵法とい
う法律の一部である。どのような内容のものだろうか？

Q3 ①シューマンとデ゠ガスペリの２人は、それぞれの生まれ育った場所において、少数派の立場に
おかれた。のちに彼らがおこなった社会への貢献に、そうした少数派としての経験がどう生か
されたと考えられるだろうか？

②シュモーや彼とともに家屋の建設に当たった人々の回想には、「ともに働くことの充実感や楽し
さ」「楽しい作業でさえある」「一緒に働くことを楽しみ、そして、たくさん笑いました」など、
楽しかったという証言がめだつ。なぜ、彼らは大変な作業を楽しいと感じたのだろうか？

①

②

いまの私たちにつながる課題　　開発・保全

地球は、そして私たちは、どこへ向かうのだろうか?!

▶教科書 p.162〜163

Q1 国際的な環境問題への取組を考えるとき、温室効果ガス削減への取組の歴史は様々なことを教えてくれる。この問題では、安易にどちらが正しいとは決められない2つの有力な意見があり、一致団結した取組をさまたげてきた。2つの意見とは何だろうか?　**1**（ロンドンのテムズ川における汚染を描いた絵）、**2**（上海の高層ビル）も参考にしながら説明してみよう。

Q2 パリ協定は、それまでの取組とどのような点が異なるのだろう?

Q3 パリ協定と同じ年に国際連合が中心となってまとめた行動指針「持続可能な開発目標(SDGs)」がある。これは環境だけではなく、開発や貧困の問題をあわせて取り上げ、国家だけではなく企業や大学などにも行動主体としての参加を求めていることに特徴がある。**3**（持続可能な開発目標17ゴール）を見て、①環境問題に深く関わっているもの、②貧困の問題に深く関わっているもの、そして③環境・貧困の両方の問題に深く関わっているものを抜き出してみよう!　そのうえで、あるべき社会の姿や自分たちに何ができるのかについて、考えてみよう!

①	②	③

「いまの私たちにつながる課題」を
設定して、取り組んでみよう！

▶教科書 p.163（下）

歴史総合のまとめとして、これまでの学習を振り返り、「いまの私たちにつながる課題」を設定して、取り組んでみよう！

課題の設定

これまで学んだことのなかで、気になったこと、自分なりの意見をもったこと、もっと詳しく知りたいと思ったこと、などをふまえて、課題を設定しよう。

資料の収集・分析

課題にそって、本を読んだり、インターネットを活用したりして、課題に関連する資料を集め、分析しよう。その際、匿名の状態で書かれた情報などの信用できない情報と、信用してよい情報とを見分けることに、たえず気をつけるようにしよう。情報が集まれば集まるほど、当初考えていたイメージとは違ってきたり、もっと興味深いことがみつかったりして、設定した課題や考えが多少かわることがあるが、試行錯誤しながら焦点をしぼっていくようにしよう。

考察

ある程度、情報が集まり、分析が進んだら、そこからどのようなことが考えられるか、ゴール（結論）をふまえ、さらに考えを深めていこう。

まとめ・表現・振り返り

わかったことをまとめたり、そこから生じた自分なりの考えをまとめたりして、文章などに表現し、発表してみよう。そうして得られたほかの人からの質問や意見、反論をふまえて、自分のいままでの研究を振り返ったり、分析を深めたりしよう。

資料の収集・分析・考察のポイント

　面白いと思ったジャンル、人物、歴史的できごとなどについて、まずは、インターネットを使ったり、図書館で本を借りたりして、情報を集めてみよう。学術書には巻末などに参考文献がのっているので、それも役に立つ。

　様々な情報に触れるなかで、今までみえなかったことがみえてくる。そして、自分が興味をもてたのはどのような点か、また自分の意見はどうなのか、などということもはっきりしてくる。こうして課題（テーマ）の焦点が徐々にしぼられていく。

　同じできごとや人物について、複数の人がそれぞれ異なる説をとなえていたら、戸惑わずに、チャンスととらえよう。それぞれの主張をよく比較・検討すると、複数の目を通してその物事や人物を多面的にとらえることができ、対象への理解が深まる。

　このようにして理解を深め、焦点をしぼりつつ、さらに情報を探していくという作業の繰り返しが大切かつ基本である。

まとめ・発表のポイント

　考察が深まったら、自分が一番いいたいこと、今回の調査で一番の成果だと思うことを軸に、プリント（レジュメ）をつくって文章や発表のかたちでみんなに成果を投げかけよう。

　まず、発表の時間や聞き手が誰かということに注意しよう。そして、調べたことすべてをただ並べるということは避け、内容や分量を厳選したり、自分の言葉でまとめたりしよう。

起承転結のストーリーで発表を組み立てる方法もあるよ。

| 起 | なぜこの課題（テーマ）を設定したか？
（例）情報を集めるなかで、確かなところが語られていないテーマだったから挑戦しようと思った。／自分がもっていた先入観が誤っていたことがわかり勉強になったから。

自分がなぜそのテーマを選んだのか、ということを伝えるのはとても重要！

| 承 | 調べてみて知ったこと、わかったことは？
（例）……ということがわかった。／……は、実は……だった。

| 転 | 意外な事実を発見?!
（例）この本（情報）には……とあるが、別の本（情報）では……とある。情報の発信者のあいだでも意見がわかれている。／様々な情報から考察すると、実は……にある情報は嘘だった。

ひとつの情報のみに頼ると、その主張・意見の受け売りになってしまう。積極的に複数の情報を取り入れるよう心がけよう！

| 結 | ○○とは、○○だ（○○だった）！
（例）私は、……とは、……である（であった）のだろうと思う。その根拠は……だからだ。／……について、私は……と思う。／……は、……であるべきではないだろうか。

自分の意見を入れるときは、単なる好みや感情ではなく、客観的な根拠を述べるようにしよう！

プリントをつくるときのポイント

発表をおこなうときは、内容を整理した目次のようなプリント（レジュメ）を必ずつくり、みんなに配ろう。みんなから出た意見や質問はプリントの余白にメモしよう。

プリントをつくる利点

- 何をどのような順番で語ればいいのか、自分の頭のなかが整理されるので、よい発表準備ができる。
- 発表本番でも何をどの順番で話せばよいか、演劇の脚本のような役割も果たす。
- 発表本番で緊張して頭のなかが真っ白になったとき、冷静さを取り戻し、きちんと話すための安全装置となりうる。
- 絵・写真・グラフ・地図などは、その内容を話すより、図版としてプリントに載せた方がわかりやすく、より効果的である。
- 発表後、自分がどんな発表をしたのかという記録として残り、次の発表やレポートなどを執筆するときの設計図・下書きになる。

プリントをつくるときの注意

- 必ず最後に参考にした情報の一覧（参考文献リスト）をつける。
  ※本の場合、著者→『書名』→出版社名→発行年の順で記述する。また、雑誌や論文集などにのっていた論文の場合は、著者→「論文名」→『論文が載っていた本や雑誌の書名』→出版社名→発行年の順で記述する。
- 地図・グラフ・写真・絵などの図版をのせる場合は、何にその図版がのっているのかわかるように出典を明記する。

写真所蔵・提供先一覧

本文デザイン　　中村　竜太郎

歴史総合
わたしたちの歴史 日本から世界へ　ノート

2022年2月　初版発行

編 者	わたしたちの歴史ノート編集部
発行者	野澤　武史
印刷所	株式会社　加藤文明社
製本所	有限会社　穴口製本所
発行所	株式会社 **山川出版社**

〒101-0047　東京都千代田区内神田1-13-13
電話　03-3293-8131（営業）　03-3293-8135（編集）
https://www.yamakawa.co.jp/

ISBN978-4-634-05808-8　　　　　　　　　　　NMII0103

歴史総合

わたしたちの歴史 日本から世界へ
ノート

解答

山 川 出 版 社

第1部　近代化と私たち

近代化への問い① 　交通と貿易(p.8)
A：安くなった　B：(解答例)商品を遠方まで安価に輸送
すること　C：明治維新　D：綿花　E：生糸

近代化への問い② 　産業と人口(p.9)
A：イギリス　B：機械　C：人口

近代化への問い③ 　権利意識と政治参加や国民の義務
(p.10)
A：20　B：兵役　C：納税　D：参政

近代化への問い④ 　学校教育(p.11)
A：(解答例)児童の就学の義務化　B：(解答例)すべての
子どもを学校へ行かせる　C：男子

近代化への問い⑤ 　労働と家族(p.12)
A：(解答例)性別による役割分担があまりなかった　B：
(解答例)男性が外に出て仕事をし、女性が家に残って家
事をする　C：(解答例)食費とそれ以外の支出項目の違
い　D：(解答例)主食(の内訳)　E：(解答例)衣料費や教
育費など

近代化への問い⑥ 　移民(p.13)
A：アメリカ合衆国　B：(解答例)イギリスの植民地に多
く移民している　C：(解答例)祖国に残るよりも多くの
収入が期待できる　D：(解答例)中国地方や九州から多
くの人が移民している　E：(解答例)ほかの地域に比べ
てとくに経済的に苦しかった　F：(解答例)日本食を現
地(移民先)の食材とうまく組み合わせている

1 　18世紀の世界とアジア(p.14～15)
①世界商品　②綿織物　③奴隷貿易　④茶
⑤東インド会社　⑥康熙帝
⑦アメリカ大陸(南北アメリカ大陸)　⑧大西洋三角貿易
⑨アメリカ合衆国　⑩鎖国　⑪四つの窓口　⑫輸入品
⑬全国市場　⑭冊封国　⑮琉球王国　⑯蝦夷地

テーマの問いを考えよう
問1　綿織物：インド(ムガル帝国)　茶・陶磁器：中国
(清)
問2　ヨーロッパ諸国の植民地
問3　①ドイツ　②中国　③利益

テーマの問いの解答例
アジアの豊かさは、ヨーロッパ諸国の対外進出を拡大す
る大きな動機となった。ヨーロッパの進出は、やがてア
ジア諸地域の植民地化につながった。また、アジアの商
品をヨーロッパでも生産しようとする動きもみられた。

2 　産業革命(p.16～17)
①毛織物業　②資本　③農地囲い込み　④労働者
⑤石炭　⑥綿織物　⑦綿工業　⑧機械化　⑨蒸気機関
⑩運河　⑪蒸気船　⑫蒸気機関車　⑬世界の工場

⑭機械制工場生産　⑮産業資本家　⑯労働運動

テーマの問いを考えよう
問1　①住宅　②手作業　③工場　④機械
問2　産業資本家　と　賃金労働者(順不同)
問3　(解答例)工場の監督者に虐待されている。

テーマの問いの解答例
産業の中心が農業から工業に移り、これにともなって産
業資本家と賃金労働者という社会階層があらわれた。工
場立地に適した地域で都市化が進んで人口も増加したが、
新たな社会問題や労働問題も発生した。

3 　アヘン戦争と日本(p.18～19)
①蘭学　②異国船打払令　③通商(開国)
④大黒屋光太夫　⑤広州　⑥茶　⑦三角貿易　⑧アヘン
⑨銀　⑩林則徐　⑪南京条約　⑫香港島　⑬領事裁判権
⑭風説書　⑮天保の薪水給与令　⑯オランダ

テーマの問いを考えよう
問1　①捕鯨船　②水　③通商
問2　(解答例)外国船を排除する異国船打払令から外国
船に燃料や食料を与える天保の薪水給与令に改めた。
問3　考えられない

テーマの問いの解答例
日本は、武力によって外国の進出を撃退することは無理
であると考えるようになり、外国船への対応も穏便なも
のに改めた。ただ、この時点ではまだ「鎖国」を改めよう
と考えているわけではなかった。

4 　日本の開国(p.20～21)
①捕鯨　②石炭　③朝廷　④プチャーチン
⑤日米和親条約　⑥下田　⑦最恵国待遇　⑧択捉島
⑨ハリス　⑩攘夷　⑪井伊直弼　⑫日米修好通商条約
⑬領事裁判権　⑭安政の五カ国条約　⑮蕃書調所

テーマの問いを考えよう
問1　①工業化　②売る
問2　①下田　②箱館　③水
問3　①関税　②アメリカ

テーマの問いの解答例
日本の開国時に結ばれたのが日米和親条約である。これ
は日本が最初に結んだ近代的な条約で、日本は港を開い
た。つぎに、貿易を開始するために結ばれたのが日米修
好通商条約である。これは日本に関税自主権がなく、ま
た領事裁判権を認める不平等条約であったが、江戸幕府
はイギリス・オランダ・ロシア・フランスとも同様の条
約を締結した。

5 　日本開国期の国際情勢(p.22～23)
①軍事力　②インド大反乱　③キリスト教　④太平天国
⑤南京　⑥北京条約　⑦外国公使　⑧常勝軍
⑨洋務運動　⑩修好通商条約　⑪南下政策
⑫オスマン帝国　⑬クリミア戦争　⑭奴隷制度の拡大
⑮リンカン　⑯南北戦争

テーマの問いを考えよう
問1　(解答例)欧米諸国の植民地になった地域が増えて

いる。

問2　していない

問3　考えられない

テーマの問いの解答例

欧米諸国は戦争に勝つことや植民地の反乱の鎮圧を優先したため、日本への武力侵攻をひかえた。そのため、日本は外国との戦争をおこなわずに開国することができ、開国後も比較的安定した対外関係を維持できた。

6 開国後の日本社会（p.24〜25）

①横浜　②生糸　③綿花　④金　⑤徳川慶福
⑥井伊直弼　⑦安政の大獄　⑧桜田門外の変
⑨公武合体　⑩尊王攘夷　⑪長州藩　⑫薩摩藩
⑬坂本龍馬　⑭薩長同盟　⑮ええじゃないか

テーマの問いを考えよう

問1　①綿製品　②生糸　③金

問2　①外国人　②尊王攘夷運動

問3　①イギリス　②倒幕

テーマの問いの解答例

開国・貿易の開始により、安い綿製品の輸入、生糸などの大量輸出、金の海外流出などがみられた。これらのことにより農家の産業は衰退し、物価は高騰するなど国内が混乱した。人々は外国人を排斥しようとする攘夷運動や、幕府への不満から倒幕運動へと向かった。

7 市民革命と国民統合（p.26〜27）

①近代自然法　②自由で平等　③社会契約説
④市民革命　⑤フランス　⑥代表なくして課税なし
⑦ボストン茶会事件　⑧独立戦争　⑨人民主権
⑩先住民　⑪第三身分　⑫ルイ16世　⑬フランス革命
⑭人権宣言　⑮ナポレオン＝ボナパルト　⑯国民意識

テーマの問いを考えよう

問1　④→①→⑤→②→③

問2　（解答例）大西洋を挟んでおこった事件が影響を与えあっていること。

問3　自由・平等（順不同）

問4　望ましいとはいえない

テーマの問いの解答例

人々は、「自由」という考えから、政治や社会に対する自分の意思を表明できると考えるようになった。また人々は、「平等」という考えから、身分制社会に疑問をもつようになり、政治への参加を求めるようになった。

8 明治維新（p.28〜29）

①徳川慶喜　②大政奉還　③王政復古の大号令
④大坂城　⑤戊辰戦争　⑥江戸城　⑦箱館
⑧五箇条の誓文　⑨五榜の掲示　⑩太政官　⑪明治
⑫版籍奉還　⑬知藩事　⑭廃藩置県　⑮明治維新

テーマの問いを考えよう

問1　①箱館　②戊辰戦争

問2　①五箇条の誓文　②五榜の掲示

問3　①版籍奉還　②廃藩置県

テーマの問いの解答例

新政府は天皇を中心とする中央集権国家の建設をめざし、旧幕府勢力との戊辰戦争と並行して五箇条の誓文を出すなど、新政府の統治方針を発表した。戊辰戦争が終わると版籍奉還を命じ、やがて藩を全廃する廃藩置県をおこなった。

9 富国強兵と文明開化（p.30〜31）

①富国強兵　②平民　③四民平等　④徴兵令　⑤地券
⑥地租改正　⑦殖産興業　⑧日本銀行　⑨富岡製糸場
⑩屯田兵　⑪文明開化　⑫廃仏毀釈　⑬学制　⑭ガス灯
⑮太陽暦

テーマの問いを考えよう

問1　①富国強兵　②徴兵令　③地租改正

問2　①殖産興業　②日本銀行　③富岡製糸場　④北海道

問3　①文明開化　②学制　③太陽暦　④鉄道

テーマの問いの解答例

富国強兵をめざした明治政府は、身分制を取り払い国民皆兵の方針で徴兵制をしいたり、地租改正で近代的税制を整えたり、産業を育成する殖産興業政策をとったりした。また義務教育制度を導入し、欧米なみの生活習慣を取り入れた。

10 日本の明治初期の外交（p.32〜33）

①不平等条約　②岩倉使節団　③国境　④国交
⑤日清修好条規　⑥領事裁判権　⑦薩摩藩　⑧琉球藩
⑨琉球処分　⑩通信使　⑪対馬藩　⑫征韓論
⑬日朝修好条規　⑭樺太・千島交換条約　⑮小笠原諸島

テーマの問いを考えよう

問1　イ

問2　❶樺太・千島交換条約　❷沖縄県　❸小笠原諸島

問3　①日清修好条規　②日朝修好条規

テーマの問いの解答例

明治政府は欧米諸国に岩倉使節団を派遣するなど、幕末（江戸時代末期）に締結した不平等条約の改正交渉を進めたが、失敗に終わった。周辺諸国とは中国、朝鮮、ロシアなどと個別に条約を結ぶ一方、琉球は沖縄県として日本領とし、小笠原諸島も日本に編入した。

11 大日本帝国憲法の制定（p.34〜35）

①反対一揆　②西郷隆盛　③西南戦争　④板垣退助
⑤民撰議院設立の建白書　⑥自由民権運動
⑦国会期成同盟　⑧国会開設の勅諭　⑨政党
⑩内閣制度　⑪伊藤博文　⑫大日本帝国憲法　⑬統帥権
⑭貴族院　⑮民党

テーマの問いを考えよう

問1　①反対一揆　②西南戦争

問2　Ⅰ→Ⅲ→Ⅱ

問3　①伊藤博文　②君主権

テーマの問いの解答例

議会開設運動は明治政府の政策に不満をもった士族により始まった。やがて運動は拡大して、自由民権運動と呼

ばれるようになった。政府も議会の必要を認識して、国会の開設を約束した。政府は国会開設前に君主権の強い憲法を制定して、それにもとづく議会を開設した。

🔢12 日本の産業革命と日清戦争(p.36〜37)

①紡績業　②製糸業　③大阪紡績会社　④生糸
⑤器械製糸　⑥八幡製鉄所　⑦東海道線　⑧産業革命
⑨足尾銅山　⑩福沢諭吉　⑪脱亜論　⑫日清戦争
⑬下関条約　⑭遼東半島　⑮三国干渉

テーマの問いを考えよう

問1　①殖産興業　②日清戦争
問2　①大阪紡績会社　②器械製糸
問3　大冶鉄山(❶)　筑豊炭田(❸)　八幡製鉄所(❹)　遼東半島(❷)　足尾銅山(❺)

テーマの問いの解答例

明治政府は殖産興業を推進し、積極的に欧米の技術を導入した。国内では会社の設立があいつぎ、はじめに紡績業や製糸業などの繊維産業から機械化による技術革新が進んだ。日清戦争後には製鉄や機械などの重工業の発展もみられた。

🔢13 帝国主義(p.38〜39)

①石油　②重工業　③設備投資　④銀行
⑤資本の投下先　⑥帝国主義　⑦三国協商　⑧三国同盟
⑨ベルリン会議　⑩オーストラリア　⑪ハワイ
⑫東清鉄道　⑬旅順・大連(順不同)　⑭膠州湾
⑮変法運動　⑯扶清滅洋　⑰義和団

テーマの問いを考えよう

問1　①重工業　②原料供給地　③資本の投下先
問2　①三国協商　②三国同盟

テーマの問いの解答例

列強は世界分割を有利に進めるために同盟関係を構築し、20世紀初頭には三国同盟と三国協商という2つの同盟関係が対立する構造が形成された。

地図で確認しよう

問1　エ
問2　(解答例)列強がアフリカ分割をした際の境界線が反映されているため。

🔢14 日露戦争と韓国併合(p.40〜41)

①閔妃　②大韓帝国　③中国東北地方(満洲)
④日英同盟　⑤日露戦争　⑥第1次ロシア革命
⑦ポーツマス条約　⑧日比谷焼打ち事件
⑨ドンズー(東遊)運動　⑩日韓協約　⑪伊藤博文
⑫朝鮮総督府　⑬孫文　⑭三民主義　⑮辛亥革命
⑯中華民国　⑰袁世凱

テーマの問いを考えよう

問1　①・②親日派・親露派(順不同)　③義和団戦争
④脅威
問2　①大国　②弱小国　③無謀な
問3　①民族的自覚　②ドンズー(東遊)　③辛亥革命
④韓国

テーマの問いの解答例

アジアの新興国で弱小国とみられていた日本が、ヨーロッパの強国であるロシアに勝ったことは、列強の支配下にあったアジア諸民族の民族的自覚を高めた。そのため、アジア諸地域では民族運動が高まりをみせた。

いまの私たちにつながる課題　自由・制限(p.42〜43)

Q1　(解答例)工業や商業が発達して、安価で質のよい製品を大量に生産できる国は自由貿易を選ぶ。それに対し、これから工業や商業を発展させたい国は、外国の製品やサービスの流入を制限するあいだに自国の産業を成長させる可能性が高い保護貿易を選ぶ。
Q2　(解答例)
　①自由貿易は、安くて質のよい品物が手に入る可能性が高く、家計にも余裕をもたらすので、よい制度である。
　②外国製品の流入が制限されることで、自分たちのつくった製品が自国内で売れて、さらにその利益で外国よりもすぐれた製品の開発が進められるという点で、よい制度である。
Q3　(解答例)
　①茶・陶磁器　②綿織物などイギリスの工業製品
　③貿易をできる場所を増やして自由に貿易をできるようにすること。
　④イギリスの商品は中国での需要が少なかったので、あえて貿易を盛んにする必要がないと考えていたため。
　⑤インドで生産したアヘンを中国に輸出して、損失をおぎなおうとした。
Q4　A:イギリス　B:綿花　C:奴隷　D:工業製品
Q5　(解答例)現代の社会でもみられる。たとえば、外国の安い農産物が大量に入ると、食材や加工品の価格、外食の費用などが安くなり、消費者の生活にとっては有利となる。しかし、自国の農業が圧迫されて、農家の生活が破綻したり、緊急時には輸入品がとだえると食料供給が間にあわなくなったりする危険性がある。

いまの私たちにつながる課題　対立・協調(p.44〜45)

Q1　(解答例)日米和親条約調印時には外国を打ち払うという攘夷の考えが強かったが、その後は諸大名のなかで外国との国交を容認するなど開国の意見が優勢となった。一方で、通商条約調印後も、過激な行動をする攘夷派があとを絶たず、攘夷の意見がなくなったわけではなかった。
Q2　(解答例)政党が存在することは認めるものの、政府は国家として正しい方向をとり、政党の動向に左右されずに政策をおこなっていくという方針。
Q3　(解答例)初期議会のあいだに、政府は予算案を通すためには議会の支持が必要であることを認識した。一方、政党は自分たちの政策を実現するため、内閣に接近するようになった。日清戦争後に政府は軍拡など大規模な政策をとるためにも、政党に妥協的になっていった。

4

Q4 （解答例）
①7の風刺画について、栗は韓国をあらわしており、ロシアが手を出しているのを、日本がとりにいこうとしている国際情勢を示している。ここから、ロシアが極東における南下政策のなかで韓国を影響下においたため、日本とロシアは韓国をめぐって対立するようになったということが考えられる。
②イギリスは、ロシアの南下政策や、シベリア鉄道敷設による東アジア進出を警戒していた。そのロシアと対立している日本と手を結び支援することで、ロシアの東アジアでの影響力拡大をおさえようと考えた。
③8は歌人与謝野晶子が日露戦争開戦後に発表した詩で、軍に動員された弟に、命を落とさないよう、人を殺さないよう訴えながら、人道に反する戦争に家族としての立場で反対した。9は大学教授らが国益を守るため、領土拡張の機会を利用すべきとして戦争に賛成した。
Q5 （解答例）列強の仲間入りを果たすことが最大の目標であったと考えられる。主権国家として、列強と対等な関係を築くために不平等条約の改正をおこなう必要があり、立憲体制の構築、産業の育成、税制の整備に取り組んだ。また市場や原料供給地を求めて、植民地の獲得をめざした。

第2部　国際秩序の変化や大衆化と私たち

国際秩序の変化や大衆化への問い①　国際関係の緊密化
(p.48)
A：植民地

国際秩序の変化や大衆化への問い②　アメリカ合衆国とソ連の台頭(p.49)
A：世界恐慌

国際秩序の変化や大衆化への問い③　植民地の独立
(p.50)
A：チェコスロヴァキア（フィンランド・エストニア・ラトヴィア・リトアニア・ポーランド・ハンガリー・ユーゴスラヴィア）　B：国際連盟

国際秩序の変化や大衆化への問い④　大衆の政治的・経済的・社会的地位の変化(p.51)
A：(解答例)男女普通選挙　B：自動車

1 大衆運動の芽ばえ(p.54〜55)
①日露戦争　②韓国　③ロシア
④アメリカ（アメリカ合衆国）　⑤日本人排斥運動
⑥血の日曜日事件　⑦国会　⑧第1次ロシア革命
⑨日比谷焼打ち事件　⑩辛亥革命　⑪民衆（大衆）
⑫第1次護憲運動　⑬大正政変　⑭大衆運動
⑮大正デモクラシー

テーマの問いを考えよう
問1　❶韓国　❷満洲　❸内蒙古
問2　①日比谷焼打ち事件　②第1次護憲運動　③大正政変　④民衆（大衆）
テーマの問いの解答例
日本は、外交では東アジアへの進出を強め、列強に危機感を与えた。国内政治では、日比谷焼打ち事件や第1次護憲運動・大正政変を受けて、政治を進めるうえで大衆（民衆）の存在が無視できないものとなった。

2 第一次世界大戦(p.56〜57)
①バルカン　②オーストリア　③三国同盟　④ロシア
⑤ヨーロッパの火薬庫　⑥セルビア　⑦フランス
⑧日本　⑨新兵器　⑩女性　⑪植民地　⑫総力戦
⑬アメリカ（アメリカ合衆国）　⑭兵士
テーマの問いを考えよう
問1　サライェヴォ事件
問2　①三国協商（スラヴ人）　②三国同盟（オーストリア）
問3　①長期化　②女性・植民地の人々（順不同）　③軍需物資の生産
テーマの問いの解答例
サライェヴォ事件は2国間の事件であったが、以前からの国際関係が影響して、多くの国が参加する戦争（第一次世界大戦）となった。また、戦争が長期化することで、多くの国が国力のすべてをついやす総力戦体制を築き、さらに戦争は拡大していった。

地図で確認しよう
問1　イギリス（❸）　フランス（❹）　ドイツ（❷）　ロシア（❶）　ベルギー（❺）

3 第一次世界大戦と日本(p.58〜59)
①日英同盟　②山東省　③太平洋の赤道以北
④二十一カ条の要求　⑤旅順・大連（順不同）
⑥南満洲鉄道　⑦綿糸（綿織物）　⑧生糸　⑨大戦景気
⑩造船業（海運業）　⑪化学工業　⑫水力発電所
⑬紡績業　⑭戦後恐慌　⑮財閥
テーマの問いを考えよう
問1　①日英同盟　②山東省
問2　①輸出　②黒字　③輸入　④赤字
問3　①ヨーロッパ　②アジア　③アメリカ
テーマの問いの解答例
第一次世界大戦の結果、日本は中国の山東省にあるドイツ権益を継承し、中国への影響力を強めた。また、大戦中は輸出が好調で好景気となったが、戦後はヨーロッパ諸国の復興が進むにつれて輸出が停滞し、不景気となった。

4 ロシア革命とその影響(p.60〜61)
①資本家　②労働運動　③第1次ロシア革命
④臨時政府　⑤ソヴィエト　⑥レーニン
⑦ボリシェヴィキ　⑧ロシア革命　⑨平和に関する布告
⑩共産党　⑪シベリア出兵　⑫戦時共産主義

⑬ソヴィエト社会主義共和国連邦（ソ連）
⑭コミンテルン　⑮モンゴル

テーマの問いを考えよう
問1　平和に関する布告
問2　①社会主義　②シベリア出兵
問3　①共産党　②社会主義国

テーマの問いの解答例
ロシア革命の結果、ロシアに社会主義政権が誕生したことに対し、欧米諸国は干渉戦争をおこなうほどの危機感を覚えた。一方、ロシア革命の影響により、世界各国で共産党が結成され、労働運動や民族運動と結びついた。

地図で確認しよう
問1　ハンガリー
問2　イ

5　社会運動の広がり（p.62〜63）
①男女普通選挙　②米騒動　③原敬　④貴族院議員
⑤護憲運動（第2次護憲運動）　⑥普通選挙法
⑦労働争議　⑧メーデー　⑨小作人　⑩小作争議
⑪日本共産党　⑫民本主義　⑬新人会　⑭全国水平社
⑮青鞜社

テーマの問いを考えよう
問1　①参政権　②労働　③普通選挙
問2　①普通選挙法　②男性
問3　労働運動・女性運動・社会主義運動など

テーマの問いの解答例
欧米諸国では、戦争への協力を理由に参政権や労働条件の改善を求める運動や男女平等を求める運動が展開されるようになった。日本でも、普通選挙への期待が高まって1925年に普通選挙法が成立するとともに、労働運動や女性運動などの社会運動が盛んになった。

6　国際協調（p.64〜65）
①パリ講和会議　②ウィルソン　③十四カ条の講和原則
④民族自決　⑤ヴェルサイユ条約　⑥国際連盟
⑦委任統治領　⑧ワシントン会議　⑨中国　⑩日英同盟
⑪アメリカ資本　⑫ロカルノ条約　⑬不戦条約
⑭山東省

テーマの問いを考えよう
問1　①賠償金　②国土　③軍備
問2　①アメリカ　②ソヴィエト＝ロシア　③ドイツ
④委任統治領

テーマの問いの解答例
ヴェルサイユ条約では、ドイツにとってきびしい条件が一方的に課されたため、ドイツ国内では反対する人々が多かった。国際平和と安全保障のために発足した国際連盟には、提唱国のアメリカが参加せず、ソヴィエト＝ロシアやドイツも参加を認められなかった。また、敗戦国の植民地は委任統治領として戦勝国に統治されたが、事実上、植民地状態が継続されることになった。

地図で確認しよう
問1　チェコスロヴァキア（ ❷ ）　ユーゴスラヴィア
（ ❹ ）　ハンガリー（ ❸ ）　ポーランド（ ❶ ）

問2　①東　②ドイツ　③ソヴィエト＝ロシア

7　アジアの民族運動（p.66〜67）
①ムスタファ＝ケマル　②トルコ共和国　③女性参政権
④エジプト　⑤パレスチナ　⑥ユダヤ人
⑦ローラット法　⑧ガンディー　⑨インド人資本家
⑩インドネシア　⑪三・一独立運動　⑫朝鮮総督府
⑬五・四運動　⑭紡績業

テーマの問いを考えよう
問1　①トルコ　②委任統治領
問2　①インド人資本家　②留学生
問3　①朝鮮総督府　②ワシントン会議　③紡績業

テーマの問いの解答例
西アジアでは独立を達成する国があらわれ、中国では、日本が得た山東省の権益が返還された。独立を得られなかった地域でも独立運動が盛んになった。また、インドや中国では産業の成長がみられた。

地図で確認しよう
問1　フィリピン（ ❹ ）　ビルマ（ ❸ ）　サウジアラビア（ ❷ ）　トルコ（ ❶ ）
問2　記号：Ⓐ　国名：アフガニスタン

8　大量生産・大量消費社会（p.68〜69）
①アメリカ（アメリカ合衆国）　②フォード
③大量生産・大量消費社会　④マスメディア　⑤大衆
⑥移民法　⑦文化住宅　⑧百貨店
⑨俸給生活者（サラリーマン）　⑩職業婦人　⑪大学
⑫新聞　⑬円本　⑭ラジオ放送
⑮日本放送協会（NHK）

テーマの問いを考えよう
問1　（解答例）
・自動車の大量生産システム
・電気冷蔵庫・電気洗濯機などの家電製品
・新聞・雑誌・ラジオなどのマスメディア
・広告
・高層ビル
問2　（解答例）
・都市周辺の住宅地
・鉄道・乗合自動車（バス）・タクシーなどの交通手段
・鉄筋コンクリートの建造物・電気・ガス・文化住宅
・百貨店
・カレーライス・コロッケなどの洋食
・洋服（洋装）
・大学
・新聞・雑誌・ラジオなどのマスメディア
・円本と呼ばれる安価な本
・ラジオ・映画・レコードなどの娯楽
・六大学野球などのスポーツ観戦

テーマの問いの解答例
アメリカでは、自動車・家電製品が普及し、新聞・ラジオなどのマスメディアや広告が発達した。一方、日本では都市化が進み、洋装や洋食なども広がった。また、アメリカと同様に新聞・ラジオなどのマスメディアが発達

し、映画やスポーツ観戦などが娯楽として広がっていった。

9 世界恐慌(p.70〜71)
①ニューヨーク　②世界恐慌　③ニューディール政策
④ソ連　⑤植民地　⑥関税　⑦ブロック経済
⑧関東大震災　⑨取付け騒ぎ　⑩金融恐慌
⑪コンツェルン　⑫昭和恐慌　⑬生糸　⑭農業恐慌
⑮赤字国債

テーマの問いを考えよう
問1　①ニューディール政策　②ブロック経済
問2　①植民地
問3　①昭和恐慌　②農業恐慌

テーマの問いの解答例
世界経済の中心にあったアメリカが恐慌におちいったことで、世界各国も不況となった。アメリカは政府主導でニューディール政策をおこない、イギリスなど植民地をもつ国はブロック経済を形成した。一方で、日本やドイツなど経済圏を形成できない国は新たな植民地獲得に乗り出していった。

グラフで確認しよう
問1　日本
問2　ドイツ
問3　アメリカ

10 独裁勢力の台頭(p.72〜73)
①反自由　②ムッソリーニ　③ファシスト党
④エチオピア　⑤経済制裁　⑥ヒトラー
⑦国民社会主義ドイツ労働者党(ナチ党、ナチス)
⑧ヴェルサイユ体制　⑨公共事業　⑩満洲事変
⑪日独伊三国防共協定　⑫スターリン　⑬五カ年計画
⑭強制収容所

テーマの問いを考えよう
問1　①ヴェルサイユ条約　②世界恐慌
問2　①公共事業　②娯楽
問3　①国際連盟　②非武装地帯

テーマの問いの解答例
ドイツでは一方的に押しつけられたヴェルサイユ条約に不満をもつ人が多く、また世界恐慌以降、アメリカが資本を引き揚げたことで、経済が悪化し、大量の失業者が発生した。こうしたなか、ヒトラーは、大規模な公共事業をおこない、失業者を激減させ、娯楽にも力を入れて国民生活の向上をめざした。また、ヴェルサイユ体制に対しても、徹底的に反発して、国民の支持を集めた。

グラフで確認しよう
問1　エ
問2　社会民主党

11 日本のアジア侵出(p.74〜75)
①中国共産党　②蔣介石　③張作霖　④張学良　⑤奉天
⑥柳条湖　⑦満洲事変　⑧満洲国　⑨国際連盟
⑩盧溝橋事件　⑪日中戦争　⑫南京　⑬五・一五事件
⑭二・二六事件

テーマの問いを考えよう
問1　①蔣介石　②張作霖　③関東軍　④張学良
問2　❶柳条湖　❷満洲国　❸盧溝橋
問3　①五・一五事件　②二・二六事件　③軍部

テーマの問いの解答例
軍部は中国の満洲における日本の権益を維持・拡大しようと、張作霖を爆殺したり、満洲事変をおこして満洲国を建国したりした。その後も、中国へのさらなる勢力拡大をはかり、ついには盧溝橋事件をきっかけに日中戦争が始まった。日本国内でも軍部中心の内閣を樹立しようと、軍部は政治に介入するようになっていった。

12 第二次世界大戦(p.76〜77)
①オーストリア　②チェコスロヴァキア　③宥和政策
④ポーランド　⑤独ソ不可侵条約　⑥第二次世界大戦
⑦イタリア　⑧日独伊三国同盟　⑨チャーチル
⑩日ソ中立条約　⑪独ソ戦　⑫総力戦　⑬ユダヤ人
⑭強制収容所　⑮アメリカ(アメリカ合衆国)

テーマの問いを考えよう
問1　①ポーランド
問2　①宥和政策　②独ソ不可侵条約　③日ソ中立条約
問3　①餓死者　②アウシュヴィッツ

テーマの問いの解答例
第二次世界大戦はドイツが領土拡大を続けた結果として始まった。また、社会主義国ソ連の参戦によって国際関係は複雑となった。ドイツが占領地で食料を徴発したり、ユダヤ人やスラヴ系の人々を強制収容所で殺害したりしたことなどにより、多くの民間人が犠牲になった。

地図で確認しよう
問1　ア
問2　ウ

13 第二次世界大戦と日本(p.78〜79)
①石油　②ＡＢＣＤ包囲陣　③マレー半島　④真珠湾
⑤太平洋戦争　⑥大東亜共栄圏　⑦ミッドウェー海戦
⑧サイパン島　⑨空襲　⑩思想・言論(順不同)
⑪マスメディア　⑫軍需　⑬軍事工場　⑭学童疎開

テーマの問いを考えよう
問1　イ・ウ
問2　(解答例)戦争が長期化するなかで、食料などの生活必需品が不足している状況
問3　女性や学生、植民地から動員された人々

テーマの問いの解答例
日本の占領地では「大東亜共栄圏」の理念のもとで戦争協力が求められ、現地の経済や文化を顧みない政策がとられた。国内でも、戦況が長期化すると、物資や食べ物が不足し、国民は苦しい生活を強いられた。労働力不足から女性や学生、植民地の人々が働かされ、子どもたちは空襲の危険を避け地方に疎開するようになった。

14 第二次世界大戦の終結(p.80〜81)
①フランクリン＝ローズヴェルト　②チャーチル
③スターリングラード　④イタリア

⑤ノルマンディー上陸作戦　⑥東京　⑦沖縄(沖縄本島)
⑧ポツダム　⑨広島　⑩長崎　⑪ヤルタ会談
⑫玉音放送　⑬降伏文書　⑭民間人

テーマの問いを考えよう
問1　①民間人
問2　①・②東京・大阪(順不同)　③都市部
問3　①3分の1　②3分の2

テーマの問いの解答例
第二次世界大戦では、戦闘員のみならず、民間人も多く犠牲になり、犠牲者数は数千万人にのぼった。日本では東京をはじめとした都市部への空爆による被害が大きく、また、原子爆弾を投下された広島・長崎では多くの犠牲者が出た。

15 戦後国際秩序(p.82〜83)
①国際連合　②安全保障理事会　③拒否権
④ブレトン=ウッズ　⑤国際通貨基金
⑥国際復興開発銀行(世界銀行)　⑦GATT
⑧ベルリン　⑨38度　⑩東ヨーロッパ　⑪民主化
⑫軍事裁判　⑬福祉　⑭ゆりかごから墓場まで

テーマの問いを考えよう
問1　①安全保障理事会　②アメリカ・ソ連・イギリス・フランス・中国(順不同)
問2　①ブレトン=ウッズ体制
問3　①非軍事化・民主化　②戦争責任

テーマの問いの解答例
戦勝国は紛争解決の実行力をもつ安全保障理事会を擁する国際連合を組織し、常任理事国の5大国は拒否権をもった。また、経済面における国際的な結びつきの維持や自由貿易推進のために様々な組織がつくられた。一方、敗戦国では戦勝国の占領下で非軍事化・民主化が進められ、軍事裁判で戦争指導者が裁かれたが、過酷な賠償金などは課されなかった。

表で確認しよう
問1　ソ連
問2　アメリカ

16 冷戦の始まり(p.84〜85)
①社会民主主義　②労働党　③トルーマン
④マーシャル=プラン　⑤コミンフォルム
⑥COMECON　⑦封鎖　⑧西ドイツ　⑨NATO
⑩ワルシャワ条約機構　⑪冷戦(冷たい戦争)
⑫中華人民共和国　⑬大韓民国(韓国)
⑭朝鮮民主主義人民共和国(北朝鮮)　⑮朝鮮戦争

テーマの問いを考えよう
問1　①東　②共産党
問2　①トルーマン=ドクトリン　②経済援助　③北大西洋条約機構
問3　①コミンフォルム　②共産党　③経済相互援助会議　④ワルシャワ条約機構

テーマの問いの解答例
東ヨーロッパ諸国に対するソ連の勢力拡大を脅威に感じたアメリカは、共産党の拡大を防ごうとした。それに対し、ソ連は共産党の連携を強めるためにコミンフォルムを結成し、さらに東ヨーロッパ諸国との経済連携を強めた。その後、アメリカとソ連はそれぞれ軍事同盟を結成し、アメリカを中心とする西側陣営とソ連を中心とする東側陣営の対立構造が固定されたため。

写真で確認しよう
問1　イ

17 日本の戦後改革と日本国憲法(p.86〜87)
①マッカーサー　②間接統治
③・④非軍事化・民主化(順不同)　⑤五大改革指令
⑥極東国際軍事裁判(東京裁判)　⑦公職追放
⑧20歳以上の男女　⑨39　⑩労働組合法　⑪教育基本法
⑫独占禁止法　⑬農地改革　⑭11月3日　⑮5月3日
⑯平和主義(戦争放棄)

テーマの問いを考えよう
問1　①民主主義　②非軍事
問2　①女性参政権　②教育　③経済
問3　国民主権・基本的人権の尊重・平和主義(戦争放棄)(順不同)

テーマの問いの解答例
日本が再びアメリカの脅威となることを防ぐという占領政策のもと、女性参政権の付与や経済の民主化、国民主権・平和主義などを掲げた新たな憲法の制定などにより、非軍事的で民主的な国にかわることを求められた。

18 日本の独立(p.88〜89)
①共産党　②・③経済的自立・政治の安定化(順不同)
④360　⑤累進所得税制　⑥朝鮮戦争　⑦板門店
⑧警察予備隊　⑨朝鮮特需　⑩サンフランシスコ平和条約
⑪沖縄　⑫日米安全保障条約(安保条約)　⑬MSA協定
⑭自衛隊

テーマの問いを考えよう
問1　(解答例)資本主義国としてアメリカと協力し、全体主義の国の脅威を抑止する役割。
問2　❶：沖縄　❷：小笠原諸島　❸：奄美郡島
問3　ソ連(ロシア)
問4　条約名：日米安全保障条約　課題：アメリカ軍基地問題

テーマの問いの解答例
日本の独立は資本主義国としてアメリカと協力することを求められるものであったため、冷戦構造下では西側陣営としか講和を結ぶことはできず、ソ連など東側陣営とは講和や領土問題などの課題が残された。またアメリカ軍を国内に駐留させるための条約も同時に締結され、現代につながるアメリカ軍基地問題が残された。

いまの私たちにつながる課題　統合・分化(p.90〜91)
Q1　(解答例)トルコやアフガニスタンのように、「民族自決」に成功して独立を達成した国がある一方で、クルド人のように自分たちの国家をもつことができなかった民族もいる。ただし、独立した国でも、国家内に様々な民族が居住し、独立の中心となった民族は「民族自決」に

成功したと考えられるが、ほかの民族は迫害や弾圧を受けたり、統合をせまられたりした。たとえばイラクは、イギリスが民族の居住区を無視してつくった委任統治領が1つの国家として独立した国で、民族間の権力争いは現在にいたるまで解決されていない。したがって、西アジアでは「民族自決」は成功したといえる面もあり、失敗したといえる面もある。注目する視点によってどちらも答となりうる。

Q2　トルコ

Q3　(解答例)
・現在もトルコ・イラン・イラク・シリアにまたがる地域などに居住している。
・イラクでは自治権を獲得し、自治区をつくるなど、イラク政府にも認められている。
・トルコによる弾圧は現在も続いている。
・シリアのクルド人は「イスラム国」(IS)と戦った。
・日本にもクルド人は移民しているが、トルコ出身のクルド人で難民として認定された人はいなかった。しかし、2022年7月、北海道に住んでいたトルコ国籍のクルド人男性が初めて難民として認定された。

いまの私たちにつながる課題　平等・格差(p.92〜93)

Q1　(解答例)「人権宣言」とほぼ同じ内容を、「女性」を主語にして出されたのが「女性の権利宣言」であり、その内容自体に大差は認められないが、「女性」という言葉を入れていることが大きな違いである。

Q2　(解答例)**3 4**からは、女性が男性に従うことが当たり前のように考えられていたことが読み取れ、明確な男女差別があったことがわかる。「女性の権利宣言」は、「人権宣言」の「人間」「市民」が「男性」「男性市民」を指していると批判する女性によって発表された。

Q3　A：総力戦　B：男性　C：兵器(武器・飛行機)

Q4　(解答例)男性と同じように政治に参加する権利を求める運動が広がり、その要求が認められるようになっていった。

Q5　(解答例)権利は平等に与えられても、現実的な女性の社会進出は主要先進国のなかでも遅れている国があり、とくに日本における数値は低いことなどが読み取れる。

第3部　グローバル化と私たち

グローバル化への問い②　人と資本の移動(p.97)

A・B：0〜4・5〜9・25〜29・30〜34・35〜39(いずれか2つ)　C：世界銀行

グローバル化への問い③　高度情報通信(p.98)

A：(解答例)電話機・ファクシミリ・無線電信機　B：(解答例)ラジオ・テレビ　C：インターネット　D：(解答例)先進国(ヨーロッパやアメリカ)　E：(解答例)発展途上国(アフリカ)

グローバル化への問い⑤　資源・エネルギーと地球環境(p.100)

A：完全には一致していません

グローバル化への問い⑥　感染症(p.101)

A：速い

1 第三世界の登場(p.104〜105)

①インド　②ホー＝チ＝ミン　③インドシナ戦争　④ジュネーヴ休戦協定　⑤スカルノ　⑥イスラエル　⑦難民　⑧第三世界　⑨ネルー　⑩平和共存　⑪アジア＝アフリカ会議(バンドン会議)　⑫非同盟

テーマの問いを考えよう

問1　植民地
問2　①フランス　②軍事介入
問3　①アメリカ　②ソ連

テーマの問いの解答例

地域の平和と発展をめざすためには、ヨーロッパ諸国の影響から抜け出すことに加えて、朝鮮戦争のような、米ソ両陣営のいずれかに引き込まれた結果としての紛争を回避しなければならず、連帯して独自の外交路線をとる必要があるという機運が高まったから。

地図で確認しよう

問1　インド(**3**)　ベトナム(**2**)　インドネシア(**1**)　イスラエル(**4**)

2 冷戦の固定化と「雪どけ」(p.106〜107)

①北大西洋条約機構(NATO)　②ワルシャワ条約機構　③米韓相互防衛条約　④太平洋安全保障条約(ANZUS)　⑤中ソ友好同盟相互援助条約　⑥ユーゴスラヴィア　⑦コミンフォルム　⑧第五福竜丸　⑨パグウォッシュ　⑩アインシュタイン　⑪スターリン　⑫朝鮮戦争　⑬ジュネーヴ　⑭フルシチョフ　⑮米州機構(OAS)

テーマの問いを考えよう

問1　ユーゴスラヴィアのコミンフォルムからの除名／米州機構の結成／北大西洋条約機構の結成／ソ連の核実験成功／朝鮮戦争の勃発／中ソ友好同盟相互援助条約の締結／日米安全保障条約や太平洋安全保障条約の締結

問2　朝鮮戦争の停戦／米韓相互防衛条約の締結／東南アジア条約機構の結成／インドシナ戦争の停戦／ジュネーヴ4巨頭会談／第五福竜丸の被爆／ワルシャワ条約機構の結成／バグダード条約機構の結成

問3　パグウォッシュ会議／フルシチョフ訪米

テーマの問いの解答例

アメリカとソ連は1950年代序盤まで、たがいの軍事同盟を広げつつ、核軍備を拡大していった。しかし、1950年代中頃からは朝鮮戦争の停戦や首脳会談の開催など歩み寄りの動きがみられ、1950年代後半には核兵器廃絶の動きや和解ムードが広がった。

地図で確認しよう

問1　北大西洋条約機構(**4**)　太平洋安全保障条約(**1**)　日米安全保障条約(**3**)　米韓相互防衛条

約（ **❷** ）
問2　（解答例）アメリカの同盟網はソ連などの社会主義陣営を包囲するように結成されている。

3　冷戦の展開（p.108〜109）
①フルシチョフ　②平和共存　③ナジ＝イムレ
④毛沢東　⑤プロレタリア文化大革命　⑥ベルリンの壁
⑦キューバ危機　⑧ホットライン
⑨部分的核実験禁止条約　⑩核拡散防止条約　⑪ナセル
⑫中東戦争　⑬国連緊急軍

テーマの問いを考えよう
問1　①なかった　②アメリカ　③アメリカ
問2　❶ワシントン　②大部分

テーマの問いの解答例
キューバにおけるソ連のミサイル基地建設は、冷戦の力関係をソ連に大きく有利な状況に変更するものであったため。

4　55年体制と安保闘争（p.110〜111）
①革新勢力　②逆コース　③第五福竜丸　④憲法改正
⑤日本社会党（社会党）　⑥自由民主党（自民党）
⑦55年体制　⑧日ソ共同宣言　⑨国際連合　⑩北方領土
⑪賠償交渉　⑫日韓基本条約
⑬日米安全保障条約（安保条約）　⑭安保闘争
⑮民主主義

テーマの問いを考えよう
問1　逆コース
問2　①非武装中立　②護憲
問3　①世界戦略　②反対　③安保闘争

テーマの問いの解答例
冷戦構造を背景に、政府はアメリカの要請にもとづいて防衛力の強化をはかったが、非武装中立や護憲を掲げる革新勢力はそれを戦後の民主化に逆行する「逆コース」ととらえて批判した。両者の対立は1960年の安保闘争で頂点に達した。

写真で確認しよう
問1　国会議事堂
問2　安保反対／民主主義擁護／岸内閣総辞職など

5　高度経済成長の光と影（p.112〜113）
①国民所得倍増計画　②高度経済成長　③設備投資
④技術革新　⑤石油（原油）　⑥三種の神器　⑦３Ｃ
⑧東京オリンピック　⑨中流意識　⑩太平洋ベルト
⑪過疎（過疎化）　⑫核家族　⑬公害（四大公害）
⑭住民運動　⑮環境庁

テーマの問いを考えよう
問1　ウ
問2　①貧富　②画一化
問3　過疎／過密／無秩序な宅地開発／国内での地域間格差など

テーマの問いの解答例
「三種の神器」や３Ｃなど耐久消費財が普及し、人々のあいだに「中流意識」が広がるなど、国民の生活様式と意識

が変化した。豊かさを達成する一方で、農村の過疎化や公害などの社会問題も発生した。

グラフで確認しよう
問1　イ

6　ベトナム戦争とアメリカ（p.114〜115）
①ベトナム民主共和国　②ゴ＝ディン＝ジエム
③南ベトナム解放民族戦線　④北爆
⑤ベトナム和平協定　⑥サイゴン
⑦ベトナム社会主義共和国　⑧公民権運動　⑨キング
⑩ニクソン　⑪田中角栄　⑫日中共同声明　⑬沖縄

テーマの問いを考えよう
問1　❶ベトナム民主共和国　❷ベトナム共和国　③社会主義
問2　イ

テーマの問いの解答例
ベトナム戦争の結果、ベトナムは社会主義国のもとで統一され、アメリカの威信は低下した。アメリカの威信の低下は、公民権運動の高まり、ニクソン大統領の中国訪問、日本への沖縄返還など国内外の様々なできごとにつながった。

7　経済構造の変化（p.116〜117）
①ブレトン＝ウッズ　②貿易
③ニクソン＝ショック（ドル＝ショック）　④360
⑤中東戦争　⑥シナイ　⑦石油輸出国機構（OPEC）
⑧アラブ石油輸出国機構（OAPEC）
⑨石油危機（オイルショック）　⑩高度経済成長
⑪先進国首脳会議（サミット）　⑫モサッデグ
⑬パフレヴィー２世　⑭イラン＝イスラーム革命
⑮ホメイニ

テーマの問いを考えよう
問1　ウ
問2　ウ
問3　①輸出　②中東戦争　③高度経済成長

テーマの問いの解答例
アメリカを軸とする固定的で安定した為替相場の解体と、中東戦争をきっかけとする原油価格の上昇という２つの変化により、資本主義世界の経済は大きく動揺した。

8　日本の経済大国化（p.118〜119）
①省エネルギー（省エネ）
②自動化（オートメーション化）　③安定成長
④貿易摩擦　⑤政府開発援助（ODA）　⑥自動車
⑦・⑧牛肉・コメ（順不同）　⑨プラザ合意
⑩円高（ドル安）　⑪金融緩和　⑫バブル（バブル景気）
⑬産業の空洞化　⑭情報通信（IT）

テーマの問いを考えよう
問1　①貿易黒字
問2　貿易摩擦
問3　ア

テーマの問いの解答例
欧米諸国と日本のあいだには、日本の貿易黒字を原因と

した貿易摩擦が発生した。一方で、日本は発展途上国に対する資金援助を充実させ、アジア諸国の経済発展に寄与した。

9 アジアの経済成長(p.120〜121)
①NIES ②韓国 ③シンガポール ④インターネット
⑤インド ⑥東南アジア諸国連合(ASEAN)
⑦クアラルンプール宣言 ⑧ASEAN拡大外相会議
⑨毛沢東 ⑩鄧小平 ⑪改革・開放政策 ⑫南北問題
⑬南南問題

テーマの問いを考えよう
問1 ア
問2 ①沿岸部 ②輸出

テーマの問いの解答例
NIESと呼ばれる国や地域は、安価な労働力を生かし、外国企業の誘致や輸出向けの品物を製造する体制を整えて急速な工業化を成し遂げたため。

10 社会主義の停滞と新自由主義(p.122〜123)
①計画 ②地下資源 ③共産党 ④競争
⑤チェコスロヴァキア ⑥アフガニスタン ⑦財政赤字
⑧サッチャー ⑨民営化 ⑩レーガン ⑪規制緩和
⑫福祉国家 ⑬新自由主義(新保守主義) ⑭防衛費
⑮国鉄

テーマの問いを考えよう
問1 ①国家の立てた計画 ②競争 ③技術革新
問2 ①国際収支 ②財政赤字 ③重税
問3 新自由主義(新保守主義)

テーマの問いの解答例
ソ連では、民間における競争がおこらず、技術革新や産業構造の変化が進まなかったため。また、資本主義諸国では、財政赤字が拡大するなか、充実した社会保障よりも、民間での自助努力をうながす新自由主義(新保守主義)が注目されたため。

写真で確認しよう
問1 ア

11 冷戦の終結(p.124〜125)
①ゴルバチョフ ②グラスノスチ ③ペレストロイカ
④アフガニスタン ⑤ベルリンの壁 ⑥ルーマニア
⑦ワルシャワ条約機構 ⑧中距離核戦力(INF)全廃条約
⑨マルタ ⑩第1次戦略兵器削減条約(START I)
⑪独立国家共同体(CIS) ⑫天安門事件

テーマの問いを考えよう
問1 グラスノスチ
問2 ❹
問3 ア

テーマの問いの解答例
ゴルバチョフは社会主義体制の行き詰まりを打開しようと様々な改革をおこない、マルタ会談ではアメリカのブッシュ大統領と冷戦の終結を宣言した。また、ゴルバチョフは東ヨーロッパ諸国の政治体制に介入しない意向もみせたため、東ヨーロッパ諸国の民主化運動が活発に

なった。これにより、ソ連を構成する国家も自立の動きを強め、1991年に独立国家共同体が結成されてソ連は解体した。

12 冷戦後の地域紛争(p.126〜127)
①ティトー ②国際連合 ③イラク ④武力行使
⑤多国籍軍 ⑥湾岸戦争 ⑦パレスチナ ⑧分離壁
⑨同時多発テロ事件 ⑩アフガニスタン ⑪難民
⑫アフリカ連合(AU)
⑬国連平和維持活動協力法(PKO協力法) ⑭自衛隊
⑮平和主義

テーマの問いを考えよう
問1 ア
問2 ①多国籍軍 ②アメリカ

テーマの問いの解答例
冷戦のもとでおさえられていた国内の民族や宗教の対立が、ソ連の脅威がなくなることで、めだつようになったため。また、紛争解決のために介入をおこなったアメリカへの反発が新たな紛争を生み出すこともあったため。

地図で確認しよう
問1 イラン(❹) イラク(❸) ユーゴスラヴィア(❶) アフガニスタン(❷)

13 地域統合(p.128〜129)
①ヨーロッパ石炭鉄鋼共同体(ECSC)
②ヨーロッパ原子力共同体(EURATOM)
③ヨーロッパ経済共同体(ECC)
④ヨーロッパ共同体(EC) ⑤マーストリヒト条約
⑥ヨーロッパ連合(EU) ⑦ユーロ ⑧シェンゲン協定
⑨リスボン条約 ⑩ドイモイ
⑪ASEAN地域フォーラム(ARF) ⑫ASEAN+3
⑬アジア太平洋経済協力(APEC)

テーマの問いを考えよう
問1 ウ
問2 ❶:エストニア ❷:ラトヴィア ❸:リトアニア
問3 ア
問4 ベトナム社会主義共和国

テーマの問いの解答例
EUとASEANは、それぞれ冷戦時代に資本主義国の機構としてつくられたが、冷戦終結後は社会主義陣営に所属した国を取り込んで発展していった。

14 現代世界の諸課題(p.130〜131)
①GATT ②世界貿易機関(WTO)
③リオデジャネイロ ④気候変動枠組み条約
⑤京都議定書 ⑥スリーマイル島 ⑦チョルノービリ
(チェルノブイリ)
⑧東京電力福島第一 ⑨世界保健機関(WHO)
⑩多文化主義

テーマの問いを考えよう
問1 (解答例)
・増え続ける人口に対する食料供給

・国や地域ごとに異なる食品の安全基準
・国境をこえた環境保護の推進
・原子力発電との関わり方
・公衆衛生における国際協力
・エネルギーの安全かつ確実な供給
・各国における少数派の尊重や人権の保護

テーマの問いの解答例

増え続ける人口に対する食料供給、国や地域ごとに異なる食品の安全基準、国境をこえた環境保護の推進、原子力発電との関わり方、公衆衛生における国際協力、エネルギーの安全かつ確実な供給、各国における少数派の尊重や人権の保護などが課題としてあげられる。

グラフで確認しよう

問1　ウ
問2　イ
問3　ウ

15 日本の諸課題(p.132～133)

①55年体制　②不良債権　③非正規労働者　④財政赤字
⑤構造改革　⑥地方　⑦少子高齢社会　⑧社会保障制度
⑨歴史認識　⑩北朝鮮　⑪北方領土　⑫沖縄県(沖縄)
⑬東日本大震災　⑭在日朝鮮人　⑮技能実習

テーマの問いを考えよう

問1　①拡大　②拡大　③増加
問2　(解答例)
・近隣諸国との関係
・自然災害への備え
・環境問題への対応
・多様な人々との共生

テーマの問いの解答例

財政赤字を抑える一方、地方の衰退をくいとめ、安心できる社会保障制度を整備すること。その際、非正規労働者など格差に苦しむ人々への配慮も必要である。ほかにも、近隣諸国との関係改善、自然災害や環境問題への対応、多様な人々との共生も課題である。

グラフで確認しよう

問1　2020年：約7,400万人　2065年：約4,500万人
問2　(解答例)生産年齢人口(15～64歳)が減るので、あらゆる分野で人手不足となる可能性があることなど。

いまの私たちにつながる課題　対立・協調(p.134～135)

Q1　(解答例)ストラスブールもトレントも国境に近いところに位置している。
Q2　(解答例)平和主義を信条とする宗教団体のメンバーは徴兵義務に応じなくてよいが、そのかわりにボランティアなどの別の仕事で国家に貢献せよ、という内容。
Q3　(解答例)
　①ドイツ系フランス人、オーストリア系イタリア人という少数派であり、複数の民族に原点をもつ人間として悩んだ経験をもとに、国家間の対立の抑止や平和の構築に尽力したと考えられる。
　②人の役に立つ活動をすることは、人間本来の喜びであるから。

いまの私たちにつながる課題　開発・保全(p.136～137)

Q1　(解答例)すでに豊かな国になっていて、これからは環境問題を重視したい先進国の意見と、これから工業化を進めて豊かになるために、環境問題にそこまで重点をおかない発展途上国の意見。
Q2　(解答例)先進国と発展途上国がともに参加した点。また、そのために目標達成義務が決められなかった点。
Q3　①7・11・12・13・14・15　②1・2・4・6・8・9　③3
(解答例)論点は多岐におよぶが、環境への配慮、環境に悪影響をもたらさないように考え抜かれた開発、平等と人権の3つが大きな課題となっている、などといったことが考えられる。

歴史総合
わたしたちの歴史 日本から世界へ　ノート　解答

2022年2月　初版発行

編　者　　わたしたちの歴史ノート編集部
発行者　　野澤　武史
印刷所　　株式会社　加藤文明社
製本所　　有限会社　穴口製本所
発行所　　株式会社　山川出版社
　　　　　〒101-0047　東京都千代田区内神田1-13-13
　　　　　電話　03-3293-8131(営業)　03-3293-8135(編集)
　　　　　https://www.yamakawa.co.jp/

ISBN978-4-634-05808-8　　　　　　　　　　　　　　NMII0103
●造本には十分注意しておりますが，万一，落丁・乱丁などがございましたら，
　営業部宛にお送りください。送料小社負担にてお取り替えいたします。